200 RECETTES *légères* au cookeo

L'OFFICIEL
POUR CUISINER
AU QUOTIDIEN
DU COOKEO

200 RECETTES *légères* au COOKEO

Séverine Augé
Photographies de Delphine Constantini

La CUISINE de D&T
Moulinex

SOMMAIRE

APÉRITIFS

VIANDES & VOLAILLES

POISSONS & FRUITS DE MER

PLATS VÉGÉTARIENS & ACCOMPAGNEMENTS

DESSERTS & DOUCEURS

Préparation **Repos - Marinade**
Cuisson **Réfrigération**
Prix

Vous pensiez que la cuisine légère se résumait forcément à des plats peu appétissants et sans goût ? C'était sans compter sur Cookeo, votre assistant culinaire intelligent qui va vous permettre de cuisiner des petits plats *light* et gourmands à la fois !

200 recettes saines et faciles à préparer, pour alléger votre cuisine au quotidien !

Oubliez les régimes, les privations et les « effets yoyo », tous mauvais pour votre santé. Pour rendre votre cuisine plus saine et faire attention à votre poids sans pour autant faire du mal à votre organisme, la meilleure solution est de vous tourner vers une alimentation variée, en quantité raisonnable, et de ne surtout pas faire l'impasse sur le goût et la gourmandise, au risque de créer de la frustration. Ainsi, « light » ne veut pas nécessairement dire sans matière grasse et sans saveur ! Il faut simplement savoir sélectionner les bons produits et les assembler, en évitant au maximum les produits industriels et transformés, souvent bourrés de mauvaises graisses, trop sucrés et trop salés… bref, très mauvais pour la santé ! Faites plutôt la part belle aux produits frais, aux légumes et aux fruits, aux viandes maigres, aux bonnes graisses riches en oméga-3 ou aux produits laitiers allégés, aux féculents complets et aux légumineuses, véritables mines d'or nutritionnelles… Et quoi de mieux qu'un livre de 200 recettes complètes et faciles à réaliser pour vous aider à transformer ces bons produits en de délicieux petits plats maison ?

Des listes d'ingrédients adaptées à la vie quotidienne

Entre le travail, la vie de famille, la vie sociale et la fatigue, il n'est pas toujours évident de trouver le temps de faire des courses complètes ainsi que la motivation de passer derrière les fourneaux tous les soirs. Grâce à ces 200 recettes légères, apprenez à maîtriser la cuisine saine, facile et gourmande au Cookeo, avec des ingrédients pour la plupart très basiques, que vous pourrez trouver aisément dans les commerces et la grande distribution. En bref, laissez-vous guider vers une sélection de produits *light* mais faciles à trouver et lancez-vous dans 200 recettes, qui vous feront gagner du temps au quotidien sans faire l'impasse sur votre ligne.

Des recettes pensées pour optimiser l'utilisation de votre Cookeo !

Votre Cookeo va beaucoup vous faciliter la tâche, en rendant la cuisine moins contraignante, plus variée et plus rapide, en toute simplicité ! Polyvalent, il est doté d'une cuve antiadhésive et d'un panier vapeur pour cuire toutes vos recettes selon trois modes :

- **Cuisson vapeur**, idéale pour une alimentation plus légère et saine,
- **Cuisson sous pression** à cuve fermée, qui vous permettra de gagner beaucoup de temps sur la durée de vos recettes et de limiter l'ajout de matière grasse,
- **Cuisson classique** à cuve ouverte, pour surveiller vos cuissons si vous le souhaitez.

En privilégiant les modes vapeur et sous pression combinés à des aliments sains, nous proposons dans cet ouvrage des recettes à ceux qui souhaitent faire attention à leur alimentation au quotidien.

Très simple d'utilisation, votre assistant culinaire dispose par ailleurs d'un écran intuitif qui permet de choisir parmi trois niveaux de température de cuisson, en plus des modes classiques : **doux (mijoter), moyen et fort (dorer)**. Vous pourrez également y faire réchauffer vos plats ou encore les maintenir au chaud sans risque qu'ils ne brûlent.

Des fanions de couleurs et des pages dédiées pour vous aider à mieux constituer vos menus

- **« Grand classique »**, pour retrouver des saveurs incontournables en version light et simplifiée,
- **« Tour du monde »**, pour voyager sans quitter votre cuisine,
- **« Express »**, pour les soirs de semaine chargée,
- **« Recette waouh »**, pour épater vos invités en toute simplicité et sans faire trop d'écart,
- **« Sans gluten »**, pour une cuisine plus digeste et légère,
- **« IG bas »**, pour des recettes à teneur réduite en glucides.

Et pour un usage encore plus pratique du livre au quotidien, retrouvez en fin d'ouvrage les recettes classées selon différents index (par ordre alphabétique, par thématique et par ingrédient) ainsi que des tops 10 de recettes adaptées à des contraintes particulières (recettes de saison, de fêtes, sans lactose, etc.). Il ne vous restera plus qu'à choisir la recette qui correspond le plus à vos envies et à vous lancer en toute tranquillité !

AVEC COOKEO CUISINEZ VITE ET BIEN DU FAIT MAISON *LIGHT* !

Quelques conseils pour profiter au maximum de votre nouvel assistant culinaire :

• **Lisez attentivement la notice avant de vous lancer !** En effet, elle vous permettra de vous familiariser avec votre Cookeo en apprenant à le démonter, le nettoyer et surtout le programmer, pour vous faire gagner encore plus de temps au moment de la préparation de vos plats !

• **Essayez de trouver une place de choix à votre Cookeo dans votre cuisine**, sur une table ou un plan de travail, pour toujours l'avoir à portée de main. Rangé dans un placard, vous risquez de moins penser à vous en servir… ce qui serait dommage, non ?

• **Attention aux coups de pression !** Lorsque la cuisson sous pression est terminée, l'appareil relâche de la vapeur. Assurez-vous toujours que la pression intérieure est retombée (plus d'échappement de vapeur par la valve silencieuse et voyant rouge qui clignote) avant de tenter d'ouvrir le couvercle (bien sûr, ne tentez jamais de l'ouvrir de force !)

• **Pensez à utiliser un film alimentaire résistant à la chaleur** pour faire cuire un gâteau à la vapeur, par exemple. Autrement, gare aux plats saveur « plastique fondu »… pas très digestes !

• **Pourquoi ne pas investir dans le moule à gâteau Cookeo ?** Il vous sera particulièrement utile pour préparer fondant au chocolat et autres pâtisseries, mais pourra aussi vous servir à réaliser en toute simplicité des recettes salées comme une omelette aux légumes ou encore un clafoutis salé.

• **Utilisez de préférence des verrines spéciales Cookeo**. En effet, celles-ci ont été spécialement conçues pour votre robot et s'adaptent très bien aux hautes températures ainsi qu'au format de la cuve. Pourquoi s'en priver ?

• **Adaptez les recettes à vos envies !** Une fois que vous aurez l'appareil bien en main, n'hésitez pas à modifier les préparations selon vos goûts ! Remplacez l'eau de cuisson par du bouillon, ajoutez les épices et herbes de votre choix, adoucissez les sauces avec un peu de crème liquide ou relevez-les avec un condiment épicé… Bref, amusez-vous et régalez-vous !

Moulinex
cookeo +
connect
BON APPETIT !
00:00
ok

APÉRITIFS

INGRÉDIENTS

500 g de filet de dinde en morceaux

500 g de carottes en rondelles

200 g de pois chiches en boîte égouttés

1 oignon nouveau émincé

100 g de riz cuit

1 c. à soupe de mélange d'épices indiennes

1 c. à soupe d'huile d'olive

Coriandre

Ciboulette

BOULETTES DE DINDE ET HOUMOUS DE CAROTTES

4 PERSONNES

20 MIN 11 MIN

€

RECETTE WAOUH

SANS GLUTEN

TOUR DU MONDE

1. Mettez les carottes et les pois chiches dans la cuve du Cookeo. Salez et poivrez. Lancez le **mode cuisson sous pression** pour 6 min. Mixez pour obtenir un houmous, puis réservez.

2. Placez dans le bol d'un mixeur la dinde, le riz cuit, l'oignon, les épices, du sel et du poivre. Mixez puis formez des petites boulettes en mouillant légèrement vos mains. Faites-les revenir 2 min avec l'huile d'olive dans la cuve du Cookeo en **mode dorer**, en les retournant de temps en temps.

3. Versez 15 cl d'eau dans la cuve. Lancez le **mode cuisson sous pression** pour 3 min. Servez avec le houmous et parsemez de quelques herbes fraîches.

Variante : n'hésitez pas à varier les assaisonnements de vos boulettes avec d'autres mélanges d'épices.

298 kcal

protides
38 g
glucides
21 g
lipides
6 g

TARTINES DE CRUDITÉS, LENTILLES CORAIL ET PATATE DOUCE

4 PERSONNES

20 MIN — 7 MIN

€

EXPRESS

RECETTE WAOUH

INGRÉDIENTS

4 grandes tranches de pain

Mélange de crudités (concombre, carottes, champignons, betteraves)

100 g de lentilles corail rincées

230 g de patate douce en morceaux

1 filet d'huile d'olive

Le jus de ½ citron

1 c. à café de graines de chia (facultatif)

1. Versez 25 cl d'eau dans la cuve du Cookeo. Ajoutez les lentilles et la patate douce. Lancez le **mode cuisson sous pression** pour 7 min.

2. Réalisez des copeaux dans les crudités à l'aide d'une mandoline ou d'un couteau bien affûté. Salez et arrosez d'huile d'olive et de jus de citron. Laissez mariner au frais.

3. Faites toaster les tranches de pain au grille-pain ou à la poêle.

4. Mixez les lentilles et la patate douce avec 1 pincée de sel et du poivre. Ajoutez un peu d'eau si nécessaire pour obtenir une purée souple. Étalez-la sur les tranches de pain toastées. Répartissez-y les crudités marinées. Saupoudrez éventuellement de graines de chia au moment de servir.

264 kcal

protides
11 g
glucides
40 g
lipides
5 g

INGRÉDIENTS

10 champignons de Paris

120 g de petits pois surgelés

100 g de fromage frais allégé

Persil

Ciboulette

CHAMPIGNONS FARCIS AUX PETITS POIS

4 PERSONNES

15 MIN 6 MIN

€

EXPRESS

IG BAS

SANS GLUTEN

1. Séparez les chapeaux des pieds des champignons. Coupez les pieds en morceaux.

2. Versez 15 cl d'eau dans la cuve du Cookeo et ajoutez les petits pois et les morceaux de champignons. Lancez le **mode cuisson sous pression** pour 3 min.

3. Égouttez les légumes, puis mixez-les avec le fromage frais. Salez et poivrez. Garnissez de ce mélange les chapeaux des champignons et placez-les dans le panier vapeur.

4. Versez 20 cl d'eau dans la cuve du Cookeo et insérez le panier vapeur. Lancez le **mode cuisson sous pression** pour 3 min. Servez avec quelques herbes fraîches ciselées.

31 kcal

protides
5 g
glucides
1 g
lipides
0 g

BRUSCHETTAS DE COMPOTÉE
DE POIVRONS ET FETA

GALETTES DE LÉGUMES VERTS
ET RICOTTA

INGRÉDIENTS

4 grandes tranches de pain

1 poivron rouge en cubes

1 poivron jaune en cubes

100 g de feta émiettée

½ oignon émincé

1 gousse d'ail hachée

1 c. à soupe d'huile d'olive

2 c. à soupe de concentré de tomates

80 g d'olives noires dénoyautées

2 cébettes ciselées

Basilic

BRUSCHETTAS DE COMPOTÉE DE POIVRONS ET FETA

4 PERSONNES

15 MIN 12 MIN

€

EXPRESS

TOUR DU MONDE

RECETTE WAOUH

1. Faites revenir l'oignon avec l'huile d'olive dans la cuve du Cookeo en **mode dorer** le temps du préchauffage.

2. Ajoutez les poivrons, l'ail, le concentré de tomates et les olives. Salez, poivrez et versez 10 cl d'eau. Lancez le **mode cuisson sous pression** pour 12 min.

3. Faites toaster les tranches de pain au grille-pain ou à la poêle, puis tartinez-les de la compotée. Parsemez de feta, de cébettes et de basilic.

146 kcal

protides
9 g
glucides
15 g
lipides
9 g

GALETTE DE LÉGUMES VERTS ET RICOTTA

4 PERSONNES

15 MIN 8 MIN

€

EXPRESS

RECETTE WAOUH

SANS GLUTEN

IG BAS

1. Placez les fèves dans la cuve du Cookeo et versez 20 cl d'eau. Lancez le **mode cuisson sous pression** pour 3 min.

2. Égouttez les fèves et mixez-les avec la ricotta, les œufs et la menthe. Incorporez les courgettes à la préparation. Salez, poivrez et saupoudrez de piment d'Espelette.

3. Faites chauffer l'huile d'olive dans la cuve du Cookeo en **mode dorer**. Versez la préparation et faites cuire 3 min. À l'aide d'une assiette, retournez la galette et prolongez la cuisson sur l'autre face de 2 min. Servez avec la cébette émincée et quelques brins de cerfeuil.

190 kcal

protides
27 g
glucides
5 g
lipides
7 g

INGRÉDIENTS

100 g de fèves décortiquées surgelées

2 courgettes râpées

100 g de ricotta

2 œufs

2 tiges de menthe effeuillées

1 pincée de piment d'Espelette

2 c. à soupe d'huile d'olive

1 cébette

Cerfeuil

INGRÉDIENTS

8 aiguillettes de canard en morceaux

1 mangue en cubes

1 c. à soupe de miel

2 c. à soupe de sauce soja salée

Le jus de 1 citron vert

1 c. à café de cumin

1 c. à café de gingembre en poudre

1 c. à café de mélange quatre-épices

1 c. à soupe d'huile d'olive

BROCHETTES DE CANARD À LA MANGUE

4 PERSONNES

10 MIN · 10 MIN · 4 MIN

€€

EXPRESS

TOUR DU MONDE

RECETTE WAOUH

1. Dans un petit bol, mélangez le miel, la sauce soja, le jus de citron vert et les épices. Ajoutez les morceaux d'aiguillettes de canard et laissez mariner 10 min au frais.

2. Enfilez les morceaux de mangue et de canard sur des piques à brochettes en les alternant.

3. Faites chauffer l'huile d'olive dans la cuve du Cookeo en **mode dorer**. Faites-y griller les brochettes 1 min de chaque côté.

Astuce : *choisissez une mangue encore ferme.*

270 kcal

protides 30 g

glucides 16 g

lipides 9 g

Moulinex
cookeo

INGRÉDIENTS

4 œufs

4 tranches de bacon sans gras

8 asperges vertes

ŒUFS COCOTTE AU BACON ET AUX ASPERGES

4 PERSONNES

5 MIN — 8 MIN

€

EXPRESS

SANS GLUTEN

IG BAS

1. Coupez les tiges des asperges en rondelles et laissez les têtes entières.

2. Versez 20 cl d'eau dans la cuve du Cookeo et placez les asperges dans le panier vapeur. Lancez le **mode cuisson sous pression** pour 4 min.

3. Répartissez les tranches de bacon et les asperges dans 4 ramequins. Cassez un œuf dans chaque ramequin.

4. Salez, poivrez, puis filmez chaque ramequin. Placez-les dans le panier vapeur. Versez 20 cl d'eau dans la cuve du Cookeo et insérez le panier vapeur. Lancez le **mode cuisson sous pression** pour 4 min.

124 kcal

protides 14 g

glucides 3 g

lipides 6 g

INGRÉDIENTS

170 g de lentilles corail rincées

200 g de betterave rouge cuite en gros morceaux

½ échalote émincée

130 g de champignons de Paris en gros morceaux

1 c. à soupe de vinaigre balsamique

2 c. à soupe de sirop d'agave

1 pincée de cumin

50 g de farine de pois chiche

1 œuf

3 c. à soupe d'huile d'olive

125 g de tomates cerises

Quelques feuilles de menthe

GALETTES DE LENTILLES ET KETCHUP LIGHT

4 PERSONNES

15 MIN 15 MIN

€

EXPRESS

SANS GLUTEN

1. Placez les lentilles, les champignons et l'échalote dans la cuve du Cookeo. Versez 20 cl d'eau et lancez le **mode cuisson sous pression** pour 8 min.

2. Mixez la betterave avec le vinaigre, le sirop d'agave, le cumin, 3 c. à soupe d'eau et une pincée de sel. Réservez ce ketchup au frais.

3. Débarrassez le Cookeo et mixez la préparation en ajoutant la farine et l'œuf.

4. Faites chauffer 1 c. à soupe d'huile dans la cuve du Cookeo en **mode dorer**. Versez un peu de pâte et faites cuire 2 min. Retournez la galette en vous aidant d'une assiette et poursuivez la cuisson 2 min. Recommencez l'opération jusqu'à épuisement de la pâte.

5. Servez les galettes avec les tomates assaisonnées et arrosées d'huile, les feuilles de menthe et le ketchup de betterave.

298 kcal
protides 38 g
glucides 21 g
lipides 6 g

RILLETTES DE SARDINES AU YAOURT

6 PERSONNES

10 MIN · 5 MIN

€

EXPRESS

GRAND CLASSIQUE

INGRÉDIENTS

12 sardines sans arêtes

2 yaourts nature veloutés

1 échalote ciselée

10 brins de ciboulette ciselés

1 citron (les zestes et la moitié du jus)

4 grandes tranches de pain de campagne

Cerfeuil

½ concombre en tranches

1. Versez 20 cl d'eau dans la cuve du Cookeo. Placez les sardines dans le panier vapeur. Lancez le **mode cuisson sous pression** pour 5 min.

2. Effilochez la chair des sardines à la fourchette. Incorporez-y l'échalote, la ciboulette, les yaourts, les zestes et le jus de citron. Salez et poivrez.

3. Faites toaster les tranches de pain au grille-pain ou à la poêle. Tartinez les rillettes sur les tranches de pain. Ajoutez quelques brins de cerfeuil au moment de servir ainsi que de très fines rondelles de concombre.

252 kcal

protides 22 g
glucides 5 g
lipides 15 g

ROULEAUX DE PRINTEMPS ET CRÈME DE BETTERAVE

4 PERSONNES

20 MIN 5 MIN

€

EXPRESS

RECETTE WAOUH

SANS GLUTEN

INGRÉDIENTS

300 g de betterave cuite en gros morceaux

1 gousse d'ail hachée

110 g de fromage frais allégé

15 feuilles de riz environ

Quelques feuilles de laitue

2 carottes en fins bâtonnets

1 concombre en fins bâtonnets

10 radis roses environ en fins bâtonnets

1. Placez la betterave et l'ail dans la cuve du Cookeo et versez 15 cl d'eau. Lancez le **mode cuisson sous pression** pour 5 min.

2. Mixez finement la betterave et l'ail avec le fromage frais jusqu'à obtention d'une texture lisse et crémeuse.

3. Trempez rapidement les feuilles de riz dans un bol d'eau tiède pour les faire ramollir. Garnissez-les de laitue et de bâtonnets de crudités, puis roulez-les sur elles-mêmes. Servez avec la crème de betterave.

226 kcal

protides
9 g

glucides
43 g

lipides
0 g

INGRÉDIENTS

200 g de saumon frais en dés

150 g de crevettes roses décortiquées en dés

150 g de noix de saint-jacques

2 blancs d'œufs

20 cl de crème liquide légère

4 c. à soupe d'herbes ciselées (ciboulette, coriandre, aneth, etc.)

TERRINE DE POISSON

4 PERSONNES

15 MIN — 30 MIN

€€€

RECETTE WAOUH

SANS GLUTEN

IG BAS

1. Mixez la moitié des dés de saumon et de crevettes avec les blancs d'œufs. Versez le mélange dans un saladier et ajoutez le reste du poisson, les crevettes, les saint-jacques, la crème et les herbes. Assaisonnez et mélangez. Versez la préparation dans un moule adapté au Cookeo tapissé de papier sulfurisé. Filmez hermétiquement le moule.

2. Versez 30 cl d'eau dans la cuve du Cookeo et déposez le moule dans le panier vapeur. Posez une assiette dessus. Lancez le **mode cuisson sous pression** pour 30 min.

3. Laissez totalement refroidir. Réservez au réfrigérateur jusqu'au moment de servir.

496 kcal

protides 46 g

glucides 4 g

lipides 33 g

VIANDES & VOLAILLES

INGRÉDIENTS

3 escalopes de poulet

60 g de riz basmati

2 branches de céleri émincées

3 carottes en rondelles

3 brins de thym

1 feuille de laurier

1,2 l de bouillon de volaille

60 g de parmesan râpé

SOUPE AU POULET, RIZ ET LÉGUMES

4 PERSONNES

10 MIN 22 MIN

€

GRAND CLASSIQUE

SANS GLUTEN

1. Placez les filets de poulet, les aromates et le bouillon dans la cuve du Cookeo. Assaisonnez et lancez le **mode cuisson sous pression** pour 15 min.

2. Effilochez la viande et replacez-la dans la cuve. Ajoutez le céleri et les carottes. Lancez de nouveau en **mode cuisson sous pression** pour 7 min. Servez avec le parmesan râpé

329 kcal

protides 44 g

glucides 20 g

lipides 20 g

SOUPE DE POULET
À LA MEXICAINE

INGRÉDIENTS

3 escalopes de poulet en cubes

1 oignon ciselé

100 g de haricots rouges en conserve égouttés

1 poivron rouge en dés

1 c. à soupe d'huile d'olive

1 c. à soupe de mélange d'épices mexicaines

1 c. à soupe de concentré de tomates

100 g de maïs en conserve égoutté

1 l de bouillon de volaille

4 brins de coriandre

4 PERSONNES

10 MIN · 12 MIN

€

TOUR DU MONDE

IG BAS

SANS GLUTEN

1. Faites revenir l'oignon avec l'huile le temps du préchauffage dans la cuve du Cookeo en **mode dorer**.

2. Ajoutez les épices, le concentré de tomates, le maïs, les haricots et le poivron. Mélangez bien, puis ajoutez le poulet. Couvrez de bouillon, salez et poivrez. Lancez le **mode cuisson sous pression** pour 10 min. Servez avec la coriandre.

Astuce : Si vous souhaitez faire vous-même le mélange d'épices, prévoyez du paprika fumé, du cumin, de l'ail, du piment, de l'origan et du sel.

259 kcal

protides
39 g

glucides
12 g

lipides
5 g

SALADE DE POULET
ET VERMICELLES DE RIZ

POKE BOWL
DE POULET ET CITRONNELLE

SALADE DE POULET ET VERMICELLES DE RIZ

4 PERSONNES

EXPRESS

20 MIN **10 MIN**

€

INGRÉDIENTS

3 escalopes de poulet

200 g de vermicelles de riz

6 c. à soupe de sauce soja

2 c. à soupe d'huile de sésame

1 c. à soupe de vinaigre de cidre

2 pak-choï

¾ d'un concombre en fines tranches

Une douzaine de radis roses

5 brins de coriandre hachés

5 brins de menthe hachés

1 petite poignée de noix de cajou hachées

1. Versez 20 cl d'eau dans la cuve du Cookeo et placez les filets de poulet dans le panier vapeur. Lancez le **mode cuisson sous pression** pour 8 min. Émincez le poulet.

2. Versez 20 cl d'eau dans la cuve du Cookeo. Retirez le tronc des pak-choï et placez-les dans le panier vapeur. Lancez le **mode cuisson sous pression** pour 2 min.

3. Faites cuire les vermicelles selon les indications du paquet. Préparez une vinaigrette en mélangeant la sauce soja, l'huile de sésame et le vinaigre.

4. Mélangez tous les ingrédients ensemble et arrosez de la vinaigrette.

411 kcal

protides
41 g
glucides
43 g
lipides
8 g

POKE BOWL DE POULET ET CITRONNELLE

4 PERSONNES

20 MIN · 30 MIN · 12 MIN

€

RECETTE WAOUH

IG BAS

INGRÉDIENTS

4 escalopes de poulet en cubes

1 bâton de citronnelle haché

2 gousses d'ail hachées

15 g de gingembre râpé

2 c. à soupe de sirop d'agave

3 c. à soupe de sauce teriyaki (ou de sauce soja)

1 citron vert

250 g de quinoa

100 g de chou rouge émincé

2 carottes râpées

2 avocats en dés

½ concombre en bâtonnets

1 c. à café de sauce nuoc-mâm

2 c. à soupe de sauce soja sucrée

1 c. à soupe d'huile neutre

1 c. à soupe d'huile d'olive

1. Placez le poulet, la citronnelle, l'ail et le gingembre dans un grand bol et ajoutez le sirop d'agave et la sauce teriyaki. Arrosez de la moitié du jus de citron vert, et laissez mariner au frais 30 min.

2. Placez le quinoa dans la cuve du Cookeo et versez 50 cl d'eau. Lancez le **mode cuisson sous pression** pour 6 min. Réservez.

3. Préparez une vinaigrette en mélangeant la sauce nuoc-mâm, le reste du jus de citron vert, la sauce soja et l'huile neutre.

4. Piquez les morceaux de poulet sur des brochettes. Faites-les revenir sur tous les côtés avec l'huile d'olive chaude pendant environ 6 min dans la cuve du Cookeo en **mode dorer**.

5. Répartissez le quinoa et les légumes dans des bowls, ajoutez les brochettes chaudes et arrosez de vinaigrette.

671 kcal

protides 49 g

glucides 54 g

lipides 26 g

INGRÉDIENTS

1 gros chou-fleur

200 g d'escalope de poulet en dés

20 tomates cerises coupées en 2

½ concombre en dés

2 c. à soupe d'huile d'olive

100 g de maïs

1 bouquet de persil haché

TABOULÉ DE CHOU-FLEUR AU POULET

4 PERSONNES

20 MIN | 8 MIN

€

EXPRESS

SANS GLUTEN

IG BAS

1. Hachez le chou-fleur en semoule.

2. Faites revenir le poulet 5 min avec 1 c. à soupe d'huile d'olive dans la cuve du Cookeo en **mode dorer**. Assaisonnez et réservez.

3. Déposez le chou-fleur dans la cuve non lavée, salez et couvrez d'eau. Lancez le **mode cuisson sous pression** pour 3 min.

4. Dans un saladier, placez le chou-fleur avec les crudités, le poulet et le persil haché. Assaisonnez et arrosez du reste d'huile.

246 kcal

protides
19 g
glucides
20 g
lipides
8 g

INGRÉDIENTS

4 filets de poulet

3 oignons nouveaux émincés

3 carottes en rondelles

150 g de petits pois écossés

1 pomme de terre en dés

2 c. à soupe d'huile d'olive

20 cl de bouillon de légumes

30 g de farine

1 œuf

50 g de chapelure

ESCALOPES DE POULET À LA VIENNOISE

4 PERSONNES

5 MIN 10 MIN

€

EXPRESS

RECETTE WAOUH

TOUR DU MONDE

1. Faites revenir les oignons 2 min avec 1 filet d'huile dans la cuve du Cookeo en **mode dorer**. Ajoutez les carottes, les petits pois et la pomme de terre et poursuivez la cuisson 3 min.

2. Versez le bouillon de légumes et lancez le **mode cuisson sous pression** pour 3 min. Réservez.

3. Incisez les filets de poulet dans l'épaisseur et ouvrez-les en deux. Salez et poivrez la viande puis passez chaque escalope dans la farine, l'œuf battu et enfin la chapelure.

4. Faites chauffer 1 filet d'huile dans la cuve du Cookeo en **mode dorer**. Faites-y revenir les escalopes de chaque côté pendant 4 min. Servez avec la jardinière de légumes.

Astuce : *Si vous souhaitez obtenir une panure plus épaisse, passez les escalopes panées une deuxième fois dans l'œuf et dans la chapelure.*

418 kcal

protides
42 g
glucides
16 g
lipides
19 g

PAPILLOTES DE POULET AUX TOMATES ET AU MASCARPONE

4 PAPILLOTES

10 MIN 7 MIN

€

EXPRESS

IG BAS

SANS GLUTEN

INGRÉDIENTS

4 escalopes de poulet

4 branches de tomates cerises

4 c. à café de mascarpone

4 brins de thym

4 filets d'huile d'olive

Quelques feuilles d'origan

1. Répartissez les tomates cerises au centre de 4 carrés de papier sulfurisé de 30 cm de côté. Ajoutez 1 escalope de poulet sur chacun d'eux, assaisonnez et parsemez des herbes. Arrosez chaque papillote d'un filet d'huile d'olive. Refermez le papier de chaque papillote en portefeuille, puis repliez les extrémités sur elles-mêmes.

2. Versez 30 cl d'eau dans la cuve du Cookeo. Déposez les papillotes dans le panier vapeur (vous pouvez les empiler). Lancez le **mode cuisson sous pression** pour 7 min.

3. Dégustez bien chaud avec 1 c. à café de mascarpone par papillote.

358 kcal

protides
38 g
glucides
6 g
lipides
21 g

INGRÉDIENTS

4 escalopes de poulet

400 g de pois gourmands

4 brins de coriandre hachés

1 c. à café de sauce soja

PAPILLOTES DE POULET AUX POIS GOURMANDS

4 PERSONNES

EXPRESS

10 MIN – 6 MIN

€

1. Répartissez les pois gourmands au centre de 4 carrés de papier sulfurisé de 30 cm de côté. Ajoutez 1 escalope de poulet sur chacun d'eux, assaisonnez et parsemez de coriandre. Refermez le papier de chaque papillote en portefeuille, puis repliez les extrémités sur elles-mêmes.

2. Versez 30 cl d'eau dans la cuve du Cookeo. Déposez les papillotes dans le panier vapeur (vous pouvez les empiler). Lancez le **mode cuisson sous pression** pour 6 min.

3. Dégustez bien chaud, arrosé de quelques gouttes de sauce soja et accompagné de riz.

Astuce : *vous pouvez ajouter quelques baies roses après la cuisson.*

191 kcal

protides 34 g
glucides 7 g
lipides 2 g

POULET AUX OIGNONS ET MOUSSELINE DE CÉLERI

INGRÉDIENTS

4 escalopes de poulet en cubes

3 oignons émincés

½ céleri-rave en gros cubes
1 c. à soupe d'huile d'olive
2 brins de thym frais

1 c. à soupe de fécule de maïs

50 cl de bouillon de volaille
15 cl de crème allégée
3 brins de cerfeuil

4 PERSONNES

10 MIN — 22 MIN

€

RECETTE WAOUH

SANS GLUTEN

1. Faites colorer les oignons 5 min avec l'huile chaude dans la cuve du Cookeo en **mode dorer**.

2. Ajoutez le poulet, 1 brin de thym et saupoudrez de fécule de maïs. Mélangez bien et versez 20 cl de bouillon de volaille. Lancez le **mode cuisson sous pression** pour 10 min. Réservez hors de la cuve.

3. Placez le céleri-rave dans la cuve du Cookeo avec le reste de thym et le reste de bouillon. Lancez le **mode cuisson sous pression** pour 7 min.

4. Égouttez le céleri et mixez-le avec la crème jusqu'à obtenir une purée fine. Assaisonnez et servez avec le poulet aux oignons et les brins de cerfeuil.

295 kcal

protides
38 g
glucides
11 g
lipides
10 g

POULET AU VINAIGRE, BROCOLIS ET POIVRON ROUGE

INGRÉDIENTS

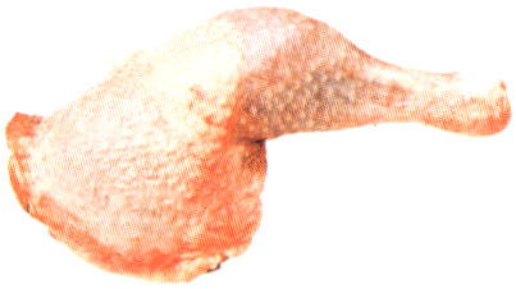

4 hauts de cuisses de poulet sans peau

10 cl de crème de vinaigre balsamique

2 brocolis coupés en fleurettes

1 poivron rouge en cubes

2 gousses d'ail hachées

1 c. à soupe de sirop d'agave

20 cl de bouillon de bœuf

1 c. à soupe de sésame doré

4 PERSONNES

10 MIN — 20 MIN

€

EXPRESS

SANS GLUTEN

IG BAS

1. Placez l'ail dans la cuve du Cookeo avec le poulet, le vinaigre, le sirop d'agave et le bouillon de bœuf. Lancez le **mode cuisson sous pression** pour 15 min.

2. Ajoutez les fleurettes de brocolis et le poivron dans la cuve. Lancez de nouveau le **mode cuisson sous pression** pour 4 min. Saupoudrez de sésame avant de servir.

333 kcal

protides
45 g

glucides
12 g

lipides
13 g

DIENTS

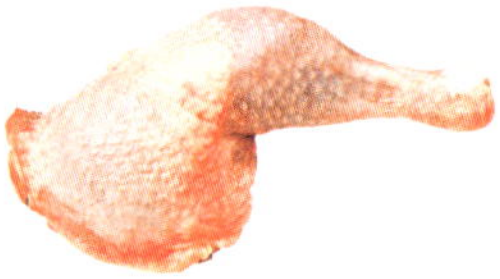

4 cuisses de poulet

800 g de courgettes en rondelles

1 citron confit coupé en 8

2 oignons coupés en 4

3 c. à soupe d'huile d'olive

2 c. à soupe rases de ras el-hanout

1 pincée de piment

Quelques feuilles de menthe hachées

TAJINE DE POULET AUX COURGETTES

4 PERSONNES

15 MIN 26 MIN

€

TOUR DU MONDE

IG BAS

SANS GLUTEN

1. Coupez les cuisses de poulet en deux pour séparer les hauts de cuisse des pilons. Déposez-les dans un grand saladier avec le citron et les oignons. Salez et poivrez. Ajoutez l'huile d'olive et les épices, puis mélangez bien le tout.

2. Placez les morceaux de poulet dans la cuve du Cookeo et lancez le **mode dorer** pour 6 min, en les retournant à mi-cuisson.

3. Versez le reste du saladier dans la cuve et ajoutez 40 cl d'eau. Lancez le **mode cuisson sous pression** pour 15 min.

4. Ajoutez les courgettes, puis prolongez la cuisson de 5 min. Parsemez de menthe hachée au moment de servir.

408 kcal

protides
30 g
glucides
10 g
lipides
26 g

POULET AU CITRON ET AUX AMANDES

4 PERSONNES

15 MIN **17 MIN**

€

IG BAS

TOUR DU MONDE

INGRÉDIENTS

6 escalopes de poulet coupées en 3

1 citron confit coupé en 4

60 g d'amandes mondées

2 oignons émincés

2 courgettes en rondelles épaisses

2 c. à soupe d'huile d'olive

50 cl de bouillon de volaille

1 c. à soupe de mélange quatre-épices

1 bâton de cannelle

3 c. à soupe d'olives vertes

1. Faites revenir le poulet 6 min avec l'huile d'olive dans la cuve du Cookeo en **mode dorer**, en le retournant régulièrement. Ajoutez les oignons, assaisonnez et poursuivez la cuisson 3 min.

2. Ajoutez les courgettes, le citron confit, les amandes et les olives. Mélangez, puis versez le bouillon et ajoutez les épices en remuant. Lancez le **mode cuisson sous pression** pour 8 min.

341 kcal

protides 42 g

glucides 7 g

lipides 16 g

NTS

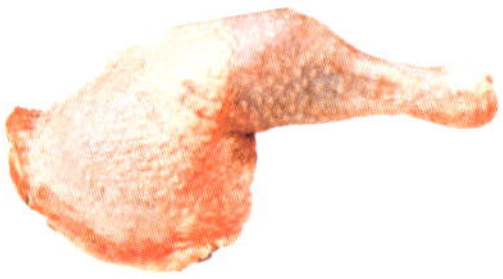

4 cuisses de poulet sans la peau

1 piment rouge (pili-pili de préférence) sans les pépins émincé

700 g de patate douce en cubes

1 poivron rouge en cubes

4 gousses d'ail hachées
1 oignon rouge émincé
2 c. à soupe d'huile d'olive
1 c. à café de paprika
Le jus de 1 citron vert
4 branches de chou kale (ou de blette) sans leurs tiges
½ cube de bouillon de volaille
2 c. à soupe de sauce soja

POULET PIMENTÉ À LA PATATE DOUCE

4 PERSONNES

20 MIN · 15 MIN · 20 MIN

€

TOUR DU MONDE

IG BAS

1. Faites revenir le poivron, l'ail, l'oignon et le piment 4 min avec 1 c. à soupe d'huile dans la cuve du Cookeo en **mode dorer**.

2. Ajoutez le paprika, salez, poivrez, puis mixez avec le jus de citron et 2 c. à soupe d'eau. Faites-y mariner le poulet pendant 15 min.

3. Faites colorer les cuisses de poulet avec l'huile restante dans la cuve du Cookeo en **mode dorer**. Ajoutez les patates douces, le chou kale et les trois quarts de la marinade, puis versez 25 cl d'eau et le demi-cube de bouillon de volaille. Lancez le **mode cuisson sous pression** pour 13 min.

4. Servez avec le reste de sauce comme condiment et arrosez les légumes d'un trait de sauce soja.

422 kcal

protides
35 g
glucides
39 g
lipides
12 g

INGRÉDIENTS

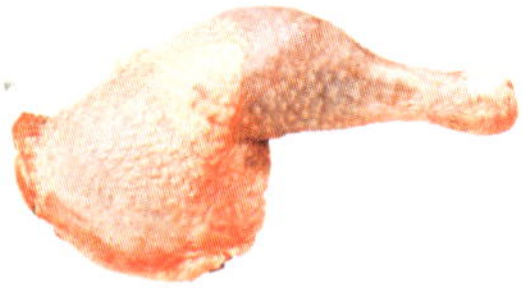

4 hauts de cuisse de poulet sans peau

40 cl de coulis de tomates

100 g d'olives noires

100 g de semoule de maïs
3 gousses d'ail hachées

1 branche de céleri émincée

1 carotte en dés
1 c. à soupe d'huile d'olive
2 brins de romarin
20 cl de vin blanc
20 cl de lait demi-écrémé
15 cl de crème légère

POULET BRAISÉ, TOMATES, OLIVES ET POLENTA

4 PERSONNES

10 MIN · 20 MIN

€

SANS GLUTEN

RECETTE WAOUH

IG BAS

1. Faites revenir le poulet sur tous les côtés avec l'huile dans la cuve du Cookeo en **mode dorer**. Ajoutez l'ail, le céleri et la carotte, puis poursuivez la cuisson 2 min.

2. Ajoutez les olives et 1 brin de romarin, puis versez le vin blanc et le coulis de tomates. Lancez le **mode cuisson sous pression** pour 12 min. Réservez hors de la cuve.

3. Versez le lait, la crème, le reste de romarin haché et 30 cl d'eau dans la cuve du Cookeo en **mode dorer**. Portez le tout à ébullition. Versez en pluie la semoule de maïs et mélangez sans cesse pendant 5 min. Assaisonnez et servez avec le poulet braisé.

Astuce : *Pour les plus gourmands, accompagnez la polenta d'un peu de parmesan râpé.*

490 kcal

protides
44 g
glucides
27 g
lipides
18 g

OK

POULET AUX ABRICOTS ET BOULGOUR AUX HERBES

4 PERSONNES

5 MIN 25 MIN

€

EXPRESS

INGRÉDIENTS

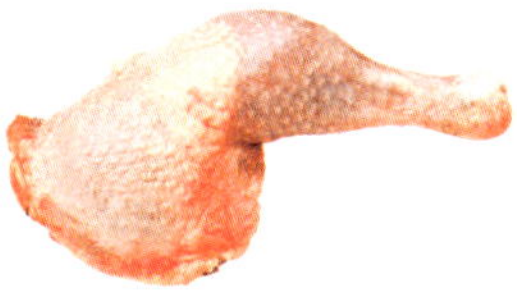

4 hauts de cuisse de poulet sans peau

1 poignée d'abricots secs

200 g de boulgour

1 c. à café de thym

Quelques brins de persil hachés

Quelques brins de ciboulette hachés

1 oignon ciselé

2 gousses d'ail hachées

1 c. à soupe d'huile d'olive

1 c. à soupe de fécule de maïs

15 cl de vin blanc

20 cl de bouillon de volaille

1 pincée de piment

1. Faites revenir le poulet 3 min avec l'huile chaude dans la cuve du Cookeo en **mode dorer**. Ajoutez l'oignon, l'ail et le thym et poursuivez la cuisson 2 min.

2. Saupoudrez de fécule de maïs et mélangez bien. Versez le vin blanc et laissez-le s'évaporer quelques minutes. Complétez avec le bouillon de volaille. Ajoutez les abricots secs, salez et poivrez. Lancez le **mode cuisson sous pression** pour 12 min. Réservez.

3. Versez le boulgour dans la cuve du Cookeo et couvrez de 50 cl d'eau. Lancez le **mode cuisson sous pression** pour 6 min. Incorporez le persil et la ciboulette, puis servez avec le poulet saupoudré d'un peu de piment.

545 kcal

protides 47 g

glucides 51 g

lipides 12 g

POULET À L'ANANAS, OIGNON ROUGE ET POIVRON

4 PERSONNES

15 MIN · 10 MIN

€€

EXPRESS

TOUR DU MONDE

SANS GLUTEN

INGRÉDIENTS

4 escalopes de poulet en cubes

½ ananas en cubes

1 oignon rouge émincé

1 poivron rouge en lanières

2 gousses d'ail hachées
2 c. à soupe d'huile d'olive
1 c. à café de paprika
1 c. à café de pâte de piment

2 c. à soupe de miel
15 cl de jus d'ananas
4 brins de coriandre

1. Faites revenir le poulet 3 min avec l'huile chaude dans la cuve du Cookeo en **mode dorer**. Ajoutez l'oignon, l'ail, le paprika, la pâte de piment et le miel. Salez, poivrez et poursuivez la cuisson quelques minutes.

2. Mélangez bien puis versez le jus d'ananas. Ajoutez le poivron et l'ananas. Lancez le **mode cuisson sous pression** pour 4 min.

3. Parsemez de feuilles de coriandre. Servez éventuellement avec du quinoa.

404 kcal

protides
41 g
glucides
27 g
lipides
14 g

INGRÉDIENTS

4 escalopes de poulet
2 c. à soupe d'huile neutre
2 oignons émincés
2 gousses d'ail hachées

10 g de gingembre râpé

1 c. à café de paprika
1 c. à soupe de garam masala
40 g de noix de cajou

400 g de concassé de tomates

200 g de yaourt
5 brins de coriandre hachés
1 pincée de piment moulu

POULET KORMA

4 PERSONNES

10 MIN **15 MIN**

€€

EXPRESS
TOUR DU MONDE
SANS GLUTEN
IG BAS

1. Faites revenir le poulet 2 min avec la moitié de l'huile dans la cuve du Cookeo en **mode dorer**.

2. Versez 15 cl d'eau et lancez le **mode cuisson sous pression** pour 4 min. Réservez le poulet hors de la cuve.

3. Faites revenir l'oignon, l'ail et le gingembre avec le reste d'huile dans la cuve du Cookeo en **mode dorer**.

4. Ajoutez les épices, les noix de cajou, le concassé de tomates et 10 cl d'eau. Salez et poivrez. Lancez le **mode cuisson sous pression** pour 5 min.

5. Ajoutez le yaourt et mixez la préparation directement dans la cuve à l'aide d'un mixeur plongeant. Déposez le poulet cuit dans la sauce et réchauffez le tout quelques minutes. Ajoutez la coriandre et le piment moulu. Servez avec du riz basmati.

Astuce : *pour un goût encore plus prononcé, ajoutez 1 c. à café de cannelle, 1 c. à café de cumin et 1 c. à café de curcuma en même temps que les autres épices. Vous pouvez aussi remplacer le paprika par des épices tandoori.*

418 kcal
protides
42 g
glucides
16 g
lipides
19 g

INGRÉDIENTS

400 g de courgettes

400 g d'escalopes de poulet en lanières

1 gousse d'ail

2 bouquets de basilic effeuillés

2 c. à soupe d'huile d'olive

TAGLIATELLES DE COURGETTES, POULET ET PESTO LÉGER

4 PERSONNES

20 MIN 7 MIN

€

RECETTE WAOUH

SANS GLUTEN

IG BAS

1. Mixez l'ail, le basilic et 1 c. à soupe d'huile d'olive, puis ajustez la consistance avec un peu d'eau. Assaisonnez généreusement. Coupez les courgettes en tagliatelles avec un Économe.

2. Faites revenir le poulet 5 min avec l'huile restante dans la cuve du Cookeo en **mode dorer**. Ajoutez les courgettes et prolongez la cuisson de 2 min.

3. Servez bien chaud avec le pesto.

190 kcal

protides
27 g
glucides
5 g
lipides
7 g

INGRÉDIENTS

320 g de penne complètes

200 g d'escalope de poulet en lanières

1 grosse courgette en dés

1 grosse aubergine en dés

2 poivrons rouges en lamelles

1 c. à soupe d'huile d'olive

200 g de tomates concassées

Quelques feuilles de basilic

PENNE AU POULET ET AUX LÉGUMES D'ÉTÉ

4 PERSONNES

20 MIN **10 MIN**

€

EXPRESS

IG BAS

1. Faites revenir le poulet 2 min avec l'huile d'olive dans la cuve du Cookeo en **mode dorer**. Ajoutez les légumes, sauf les tomates, et poursuivez la cuisson 3 min.

2. Ajoutez les penne, les tomates et 40 cl d'eau. Lancez le **mode cuisson sous pression** pour 5 min.

3. Servez parsemé de feuilles de basilic.

446 kcal

protides
25 g
glucides
68 g
lipides
6 g

ONE POT DE POULET, POMMES DE TERRE ET HARICOTS VERTS

INGRÉDIENTS

4 escalopes de poulet

400 g de pommes de terre grenaille coupées en 2

200 g de haricots verts

3 gousses d'ail

1 c. à soupe d'huile d'olive

100 g d'allumettes de bacon

100 g d'oignons grelots épluchés

20 cl de vin blanc

4 brins de persil hachés

4 PERSONNES

10 MIN · 15 MIN

€

EXPRESS

GRAND CLASSIQUE

SANS GLUTEN

1. Faites revenir le poulet avec l'huile chaude 4 min dans la cuve du Cookeo en **mode dorer**. Ajoutez les allumettes de bacon, l'ail et les oignons. Poursuivez la cuisson 5 min.

2. Ajoutez les haricots verts et les pommes de terres. Versez le vin blanc. Assaisonnez et lancez le **mode cuisson sous pression** pour 6 min.

3. Parsemez de persil haché avant de servir.

410 kcal

protides
43 g
glucides
25 g
lipides
10 g

INGRÉDIENTS

300 g de riz arborio

300 g d'escalope de poulet

300 g de courgettes

2 échalotes
1 c. à soupe d'huile d'olive
1 cube de bouillon de légumes

100 g de ricotta
Quelques feuilles de cerfeuil (facultatif)

RISOTTO AU POULET ET AUX COURGETTES

4 PERSONNES

15 MIN 14 MIN

€

TOUR DU MONDE

RECETTE WAOUH

1. Faites revenir le poulet et les échalotes 3 min avec l'huile d'olive dans la cuve du Cookeo en **mode dorer**.

2. Ajoutez le riz et les courgettes, puis prolongez la cuisson de 3 min environ, jusqu'à ce que le riz devienne translucide.

3. Versez 80 cl d'eau et le cube de bouillon émietté. Lancez le **mode cuisson sous pression** pour 8 min.

4. Incorporez la ricotta et servez parsemé éventuellement de cerfeuil.

427 kcal

protides
27 g
glucides
63 g
lipides
8 g

ONE POT BOULGOUR, POULET ET CAROTTES

INGRÉDIENTS

300 g de boulgour

300 g d'escalope de poulet en lanières

2 grosses carottes en dés

1 c. à café de cumin en poudre

1 c. à café de graines de coriandre

1 c. à soupe d'huile d'olive

20 g de cranberries séchées

Persil

4 PERSONNES

10 MIN **10 MIN**

€

EXPRESS

1. Faites revenir le poulet 2 min avec l'huile d'olive dans la cuve du Cookeo en **mode dorer**. Ajoutez les carottes et le cumin, puis poursuivez la cuisson 3 min.

2. Versez le boulgour, 40 cl d'eau et assaisonnez. Lancez le **mode cuisson sous pression** pour 5 min. Servez bien chaud parsemé des cranberries et de persil haché.

404 kcal

protides
28 g

glucides
58 g

lipides
5 g

PÂTES
AUX BOULETTES DE POULET

4 PERSONNES

20 MIN 5 MIN

€

EXPRESS

RECETTE WAOUH

INGRÉDIENTS

400 g de pâtes longues

600 g de filets de poulet

Les zestes de 2 citrons
1 échalote ciselée

2 gousses d'ail hachées
1 c. à soupe d'origan frais
1 pincée de flocons de piment
1 c. à soupe d'huile d'olive
40 cl de bouillon de volaille
20 cl de crème liquide allégée

60 g de parmesan râpé

1. Mixez ou hachez finement le poulet, puis incorporez-y l'échalote, l'ail, les flocons de piment, l'origan, la moitié du zeste des citrons et 1 bonne pincée de sel et de poivre. Mélangez et formez des boulettes.

2. Faites cuire les pâtes dans une casserole d'eau bouillante, en suivant les indications du paquet.

3. Faites colorer les boulettes de poulet 3 min avec l'huile d'olive dans la cuve du Cookeo en **mode dorer**.

4. Ajoutez le bouillon et le zeste des citrons restant. Lancez le **mode cuisson sous pression** pour 2 min. Débarrassez les boulettes en laissant le bouillon dans la cuve.

5. Ajoutez les pâtes cuites et la crème liquide dans la cuve. Enrobez les pâtes de sauce, puis servez-les avec les boulettes de poulet et le parmesan râpé.

680 kcal
protides
61 g
glucides
68 g
lipides
19 g

TOURTE POULET ET CHAMPIGNONS

4 PERSONNES

20 MIN · 55 MIN

€

RECETTE WAOUH

INGRÉDIENTS

2 pâtes brisées

3 filets de poulet

400 g de champignons de Paris coupés en 4

150 g de petits pois écossés
50 cl de bouillon de volaille

1 blanc de poireau
1 filet d'huile d'olive
2 c. à soupe de fécule
20 cl de crème liquide allégée
1 pincée de muscade moulue
1 poignée de pousses d'épinards
1 jaune d'œuf

1. Placez les champignons dans la cuve du Cookeo avec les filets de poulet entiers et les petits pois. Couvrez de bouillon et lancez le **mode cuisson sous pression** pour 10 min.

2. Récupérez le poulet et effilochez-le à l'aide d'une fourchette. Égouttez le reste des légumes en gardant une louche de bouillon.

3. Faites revenir le poireau 2 min avec l'huile dans la cuve du Cookeo en **mode dorer**. Ajoutez les légumes égouttés, le poulet et la louche de bouillon réservée. Saupoudrez le tout de fécule de maïs et mélangez bien. Versez la crème et poursuivez la cuisson 2 min de plus en mélangeant bien. Assaisonnez de sel, de poivre et de muscade puis réservez.

4. Foncez un plat à tarte avec une première pâte brisée. Coupez la seconde en bandes de 2 cm de large.

5. Répartissez la préparation au poulet dans le fond de tarte puis ajoutez les pousses d'épinards et disposez les bandes entrelacées par-dessus. Dorez la pâte avec le jaune d'œuf puis enfournez pour 40 min à 200 °C.

661 kcal

protides
34 g
glucides
53 g
lipides
35 g

RÔTI DE DINDE ET TOMATES
À LA PROVENÇALE

MIJOTÉ DE DINDE
AUX ÉPICES INDIENNES

INGRÉDIENTS

1 rôti de dinde de 1 kg

400 g de concassé de tomates

Quelques herbes fraîches

1 petite aubergine en dés

1 c. à soupe d'huile d'olive

1 c. à soupe de cassonade

RÔTI DE DINDE ET TOMATES À LA PROVENÇALE

4 PERSONNES

10 MIN 14 MIN

€

EXPRESS

GRAND CLASSIQUE

SANS GLUTEN

1. Glissez un peu d'herbes fraîches entre le rôti et la ficelle. Salez et poivrez généreusement.

2. Faites revenir le rôti 5 min sur toutes ses faces avec l'huile d'olive dans la cuve du Cookeo en **mode dorer**.

3. Versez le concassé de tomates, l'aubergine, la cassonade et 10 cl d'eau. Assaisonnez et lancez le **mode cuisson sous pression** pour 9 min.

336 kcal

protides
58 g

glucides
7 g

lipides
8 g

MIJOTÉ DE DINDE
AUX ÉPICES INDIENNES

4 PERSONNES

15 MIN 10 MIN

€

EXPRESS

TOUR DU MONDE

1. Mélangez la dinde avec le gingembre râpé, l'ail et 1 bonne pincée de sel et de poivre. Formez des boulettes.

2. Faites revenir les boulettes 3 min sur tous les côtés avec l'huile d'olive dans la cuve du Cookeo en **mode dorer**. Réservez.

3. Faites revenir l'oignon 2 min dans la cuve du Cookeo, toujours en **mode dorer**.

4. Ajoutez les épices et mélangez bien. Déposez de nouveau les boulettes dans la cuve et versez 15 cl d'eau. Lancez le **mode cuisson sous pression** pour 2 min.

5. Versez le lait de coco et passez en **mode mijoter** pour 3 min. Parsemez de cébettes émincées au moment de servir.

Astuce : *pour changer du riz, proposez un accompagnement de quinoa ou bien encore de blé !*

300 kcal

protides
38 g
glucides
5 g
lipides
14 g

INGRÉDIENTS

600 g de dinde hachée

1 c. à café de curry

1 c. à café d'épices tandoori

10 g de gingembre râpé

1 c. à café d'ail en poudre

1 c. à soupe d'huile d'olive

1 oignon ciselé

20 cl de lait de coco

2 cébettes émincées

ESCALOPES DE DINDE ET CHAMPIGNONS À LA CRÈME

INGRÉDIENTS

4 escalopes de dinde

800 g de champignons mélangés coupés en 2

30 cl de crème de soja

1 c. à soupe d'huile d'olive

1 pincée de muscade en poudre (facultatif)

½ bouquet de persil

4 PERSONNES

5 MIN — 25 MIN

€

EXPRESS
SANS GLUTEN
IG BAS
RECETTE WAOUH

1. Faites chauffer l'huile d'olive 2 min dans la cuve du Cookeo en **mode dorer**. Faites-y griller les escalopes de dinde 4 min de chaque côté.

2. Ajoutez les champignons et laissez dorer 5 min.

3. Ajoutez la crème de soja et éventuellement la muscade. Lancez le **mode mijoter** et laissez réduire 10 min. Servez parsemé de persil ciselé.

510 kcal

protides
46 g
glucides
10 g
lipides
31 g

INGRÉDIENTS

800 g de sauté de dinde en cubes

12 pruneaux moelleux

600 g de carottes en rondelles

3 c. à soupe d'huile de tournesol

1 c. à café de mélange quatre-épices

150 g d'oignons grelots épluchés

1 cube de bouillon de volaille

15 cl de jus d'orange

Cerfeuil (facultatif)

SAUTÉ DE DINDE AUX PRUNEAUX

4 PERSONNES

10 MIN 9 MIN

€

EXPRESS

SANS GLUTEN

1. Faites chauffer l'huile de tournesol dans la cuve du Cookeo en **mode dorer**. Faites-y dorer la viande 3 min avec les épices.

2. Ajoutez tous les autres ingrédients et 40 cl d'eau, salez et poivrez. Lancez le **mode cuisson sous pression** pour 6 min.

3. Ajoutez éventuellement quelques brins de cerfeuil au moment de servir.

473 kcal

protides 51 g

glucides 39 g

lipides 11 g

INGRÉDIENTS

4 courgettes

300 g de dinde hachée

200 g de veau haché

80 g de poivrons pelés en conserve coupés en cubes

200 g de riz

Thym frais

1 pincée de piment d'Espelette

1 c. à soupe d'herbes de Provence

COURGETTES FARCIES À LA VIANDE ET AUX POIVRONS

4 PERSONNES

15 MIN 10 MIN

€€

EXPRESS

GRAND CLASSIQUE

SANS GLUTEN

1. Versez le riz dans la cuve du Cookeo. Ajoutez le thym, salez légèrement et couvrez d'eau à hauteur. Lancez le programme préenregistré pour la cuisson du riz.

2. Mélangez les viandes hachées avec les poivrons, le piment, les herbes et une pincée de sel et de poivre.

3. Coupez les courgettes dans la longueur et évidez l'intérieur. Assaisonnez légèrement et farcissez-les de la préparation précédente.

4. Débarrassez le riz après sa cuisson et versez 20 cl d'eau dans la cuve. Placez les courgettes dans le panier vapeur. Lancez le **mode cuisson sous pression** pour 6 min. Servez avec le riz.

355 kcal

protides
35 g
glucides
44 g
lipides
3g

Moulinex
cookeo

INGRÉDIENTS

500 g de filets de dinde en cubes

½ chou-fleur coupé en fleurettes

200 g de petits pois écossés

1 tige de citronnelle en tronçons

10 g de gingembre râpé

1 c. à café de mélange tandoori

2 c. à soupe de curry en poudre

50 g de raisins secs blonds

1 petit piment rouge (facultatif)

2 c. à soupe d'huile d'olive

40 cl de lait de coco

Quelques feuilles de coriandre fraîche

CURRY DE DINDE AU CHOU-FLEUR ET PETITS POIS

4 PERSONNES

10 MIN **12 MIN**

€

EXPRESS

TOUR DU MONDE

SANS GLUTEN

1. Faites revenir le gingembre, la citronnelle, le mélange tandoori, la poudre de curry, les raisins et éventuellement le piment avec l'huile pendant 3 min dans la cuve du Cookeo en **mode dorer**.

2. Ajoutez la dinde, le chou-fleur et les petits pois puis versez 10 cl d'eau. Salez et poivrez. Lancez le **mode cuisson sous pression** pour 4 min.

3. Incorporez le lait de coco et passez en **mode mijoter** pour 5 min. Servez avec la coriandre.

493 kcal

protides
39 g
glucides
21 g
lipides
26 g

INGRÉDIENTS

350 g d'orecchiette

4 aiguillettes de dinde en morceaux

200 g de mélange de légumes verts (petits pois, haricots verts, courgette, fèves…)

1 bonne poignée de pousses d'épinards

1 c. à soupe d'huile d'olive

40 cl de bouillon de légumes

20 cl de crème liquide allégée

40 g de pecorino râpé

ONE POT PASTA DINDE ET LÉGUMES VERTS

4 PERSONNES

5 MIN **10 MIN**

€

EXPRESS

1. Faites revenir la dinde 4 min avec l'huile chaude dans la cuve du Cookeo en **mode dorer**.

2. Ajoutez les pâtes, les légumes verts et versez le bouillon. Salez et poivrez. Lancez le **mode cuisson sous pression** pour la moitié du temps de cuisson indiqué sur le paquet des pâtes.

3. Retirez une louche de bouillon de la cuve puis incorporez les épinards et la crème. Mélangez bien puis servez avec le pecorino.

Astuce : *vous pouvez parsemer le plat de graines germées au moment de servir. Elles sont très bonnes pour la santé et apporteront une touche de fraîcheur !*

576 kcal

protides
47 g
glucides
64 g
lipides
16 g

INGRÉDIENTS

600 g d'aiguillettes de canard

6 oranges (12 cl de jus + le zeste)

400 g de broccolinis (ou de brocoli coupé en fleurettes)

1 filet d'huile d'olive

2 c. à soupe de fécule de maïs

2 c. à soupe de Grand Marnier®

3 c. à soupe de cassonade

20 cl de bouillon de volaille

3 c. à soupe de sauce soja salée

2 c. à soupe d'huile de sésame

1 cébette

Sésame doré

AIGUILLETTES DE CANARD À L'ORANGE

4 PERSONNES

15 MIN — 12 MIN

€€€

EXPRESS

RECETTE WAOUH

1. Assaisonnez les aiguillettes de canard, puis faites-les colorer 2 min environ sur toutes les faces avec l'huile d'olive dans la cuve du Cookeo en **mode dorer**.

2. Saupoudrez de fécule et mélangez bien, puis versez le Grand Marnier®, le zeste et le jus des oranges, la cassonade et le bouillon. Lancez le **mode cuisson sous pression** pour 5 min. Réservez.

3. Versez 20 cl d'eau dans la cuve du Cookeo et placez les broccolinis dans le panier vapeur. Lancez le **mode cuisson sous pression** pour 4 min.

4. Assaisonnez les broccolinis d'un mélange de sauce soja, d'huile de sésame et de cébette ciselée. Servez avec le canard à l'orange, parsemé de sésame.

480 kcal

protides 39

glucides 27

lipides 22

INGRÉDIENTS

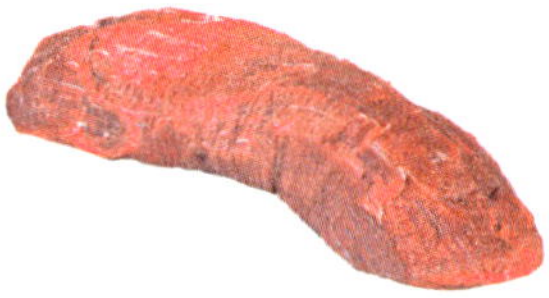

600 g de filet de bœuf coupé en morceaux

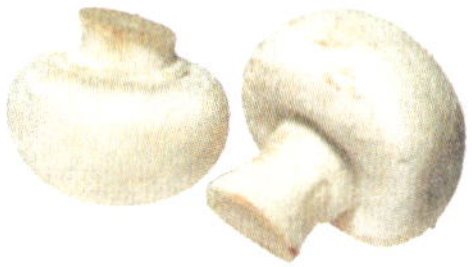

200 g de champignons de Paris émincés

2 gousses d'ail hachées

1 échalote émincée

10 g de gingembre râpé

1 c. à soupe d'huile neutre

1 c. à soupe de mélange 5-épices

1,5 l de bouillon de bœuf

1 c. à soupe de pâte de piment (facultatif)

225 g de nouilles de blé

4 cébettes émincées

10 brins de coriandre hachés

RAMEN DE BŒUF AUX CHAMPIGNONS

4 PERSONNES

10 MIN **35 MIN**

€€

TOUR DU MONDE

1. Faites revenir l'ail, l'échalote et le gingembre 1 min avec l'huile chaude dans la cuve du Cookeo en **mode dorer**.

2. Ajoutez le bœuf et les épices. Couvrez de bouillon et ajoutez éventuellement la pâte de piment. Lancez le **mode cuisson sous pression** pour 30 min.

3. Ajoutez les champignons avec les nouilles dans la cuve, puis poursuivez la cuisson 1 min. Servez avec les cébettes émincées et la coriandre hachée.

498 kcal

protides 46 g

glucides 47 g

lipides 8 g

江戸時代

INGRÉDIENTS

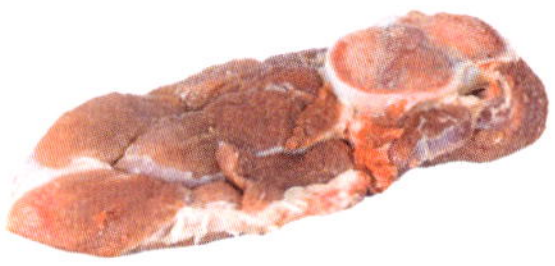

500 g de bœuf à mijoter en cubes

1 oignon émincé

4 carottes en rondelles

300 g de pommes de terre en morceaux

150 g de petits pois écossés

2 c. à soupe d'huile d'olive

2 c. à soupe de fécule de maïs

1,2 l de bouillon de bœuf

1 bouquet garni

BOUILLON AU BŒUF ET AUX LÉGUMES

4 PERSONNES

15 MIN 35 MIN

€€

GRAND CLASSIQUE

SANS GLUTEN

IG BAS

1. Faites revenir le bœuf et l'oignon 5 min avec l'huile chaude dans la cuve du Cookeo en **mode dorer**.

2. Saupoudrez de fécule de maïs, versez le bouillon et ajoutez le bouquet garni. Salez, poivrez, et lancez le **mode cuisson sous pression** pour 25 min.

3. Ajoutez les carottes et les pommes de terre dans la cuve avec les petits pois. Lancez de nouveau le **mode cuisson sous pression** pour 5 min.

531 kcal

protides
47 g

glucides
33 g

lipides
22 g

SALADE THAÏE AU BŒUF

INGRÉDIENTS

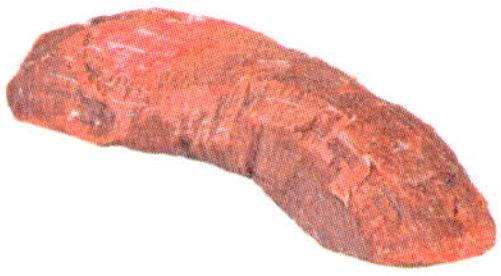

300 g de filet de bœuf en lanières

1 bâton de citronnelle haché

3 carottes râpées

2 c. à café de sauce soja

1 c. à café de sauce nuoc-mâm

200 g de pousses de soja

¼ de chou rouge émincé

½ bouquet de coriandre ciselé

Le jus de 1 citron vert

4 PERSONNES

15 MIN · 20 MIN · 5 MIN

€€

RECETTE WAOUH

IG BAS

TOUR DU MONDE

1. Mélangez les sauces dans un saladier et faites-y mariner la viande 20 min avec la citronnelle.

2. Retirez la citronnelle de la marinade et versez cette dernière dans la cuve du Cookeo en **mode dorer**. Faites-y revenir le bœuf 5 min.

3. Servez les carottes avec les pousses de soja, le chou, le bœuf et sa sauce. Parsemez de coriandre ciselée et arrosez de jus de citron.

182 kcal

protides
21 g
glucides
10 g
lipides
6 g

INGRÉDIENTS

8 grandes feuilles de laitue

500 g de pavé de bœuf
1 c. à soupe d'huile d'olive

1 c. à café d'épices cajun

2 yaourts brassés à 0 % de M.G.

200 g de crudités mélangées (carottes, concombres...)

TACOS DE LAITUE AU BŒUF EFFILOCHÉ

4 PERSONNES

10 MIN · 28 MIN

€€

SANS GLUTEN

IG BAS

TOUR DU MONDE

1. Faites griller le bœuf 8 min sur toutes les faces avec l'huile d'olive dans la cuve du Cookeo en **mode dorer**.

2. Ajoutez la moitié des épices et 20 cl d'eau, puis assaisonnez. Lancez le **mode cuisson sous pression** pour 20 min.

3. Effilochez la viande à l'aide de 2 fourchettes. Mélangez les yaourts et les épices restantes, puis assaisonnez. Garnissez chaque feuille de laitue de crudités, de bœuf et de sauce. Dégustez immédiatement.

228 kcal

protides
31 g
glucides
5 g
lipides
9 g

INGRÉDIENTS

1 pâte à pizza

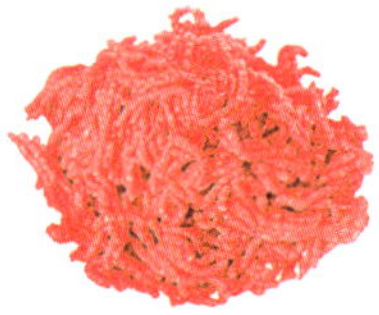

400 g de bœuf haché à 5 % de matière grasse

1 oignon ciselé

2 gousses d'ail ciselées

1 c. à soupe d'huile d'olive

1 c. à café de cumin en poudre

2 tomates en cubes

5 brins de menthe hachés

5 brins de persil hachés

4 c. à soupe de sauce tomate

4 c. à soupe de pignons de pin

PETITES PIZZAS AU BŒUF HACHÉ

4 PERSONNES

15 MIN 20 MIN

€€

TOUR DU MONDE

1. Faites revenir l'oignon et l'ail 2 min avec l'huile d'olive dans la cuve du Cookeo en **mode dorer**.

2. Ajoutez le bœuf et les épices. Poursuivez la cuisson 5 min.

3. Incorporez les tomates et les herbes à la préparation, assaisonnez bien et réservez au frais.

4. Avec la pâte à pizza, façonnez 4 petites pizzas en leur donnant une forme ovale. Étalez au centre la sauce tomate, puis répartissez la préparation au bœuf. Enfournez pour 5 à 10 min à 230 °C. Parsemez de pignons de pin et servez avec une salade verte.

430 kcal

protides
30 g
glucides
34 g
lipides
19 g

INGRÉDIENTS

4 biftecks en longues lanières

6 c. à soupe de lait de coco

½ bâton de citronnelle
1 gousse d'ail
1 petit bouquet de coriandre
1 petit morceau de piment

1 mangue en bâtonnets

1 concombre râpé
5 c. à soupe d'huile de sésame
1 c. à soupe de vinaigre
1 c. à soupe de cassonade
2 c. à soupe de nuoc-mâm
40 g de noix de cajou
1 cébette hachée

BROCHETTES DE BŒUF COCO-CITRONNELLE

4 PERSONNES

20 MIN 5 MIN

€€

EXPRESS

TOUR DU MONDE

SANS GLUTEN

1. Enfilez les tranches de bœuf assaisonnées sur des piques à brochettes.

2. Mixez ensemble l'ail, le lait de coco, la coriandre, la citronnelle, le piment épépiné et une pincée de sel. Réservez.

3. Mélangez ensemble la mangue et le concombre dans un saladier. Dans un bol, mélangez le vinaigre, la cassonade, le nuoc-mâm et 4 c. à soupe d'huile de sésame pour réaliser une vinaigrette.

4. Faites chauffer 1 c. à soupe d'huile de sésame dans la cuve du Cookeo en **mode dorer**. Faites-y griller les brochettes environ 1 min par face, puis versez la moitié de la sauce coco-citronnelle et enrobez-bien le tout.

5. Assaisonnez le concombre et la mangue avec la vinaigrette, parsemez-la de noix de cajou concassées et de cébette. Servez avec les brochettes et le reste de sauce coco-citronnelle.

457 kcal

protides
38 g
glucides
20 g
lipides
24 g

INGRÉDIENTS

400 g de nouilles de riz

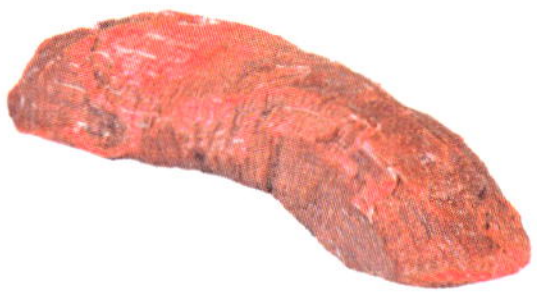

400 g de filet de bœuf en fines tranches

2 carottes en julienne

2 gousses d'ail hachées

2 c. à soupe d'huile piquante

3 c. à soupe de sauce soja

Quelques feuilles de coriandre

2 cébettes hachées

PAD THAÏ AU BŒUF ET AUX LÉGUMES

4 PERSONNES

10 MIN 10 MIN

€€

EXPRESS

TOUR DU MONDE

1. Faites cuire les nouilles en suivant les indications du paquet.

2. Faites chauffer l'huile piquante dans la cuve du Cookeo en **mode dorer**. Faites-y revenir le bœuf 2 min avec l'ail. Ajoutez les carottes et poursuivez la cuisson 4 min.

3. Salez, poivrez, puis ajoutez les nouilles, la sauce soja et la coriandre hachée. Mélangez bien. Parsemez de cébettes hachées au moment de servir.

Variante : *si vous le souhaitez, ajoutez une poignée de pousses de soja dans la cuve, en même temps que les carottes.*

560 kcal

protides 31 g

glucides 49 g

lipides 26 g

BŒUF GRILLÉ À LA CORÉENNE

INGRÉDIENTS

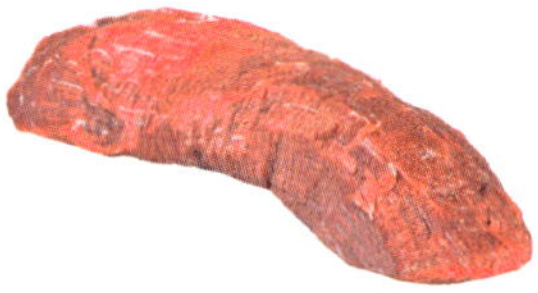

600 g de filet de bœuf en fines lanières

1 oignon ciselé

15 g de gingembre râpé

7 cl de sauce soja

5 cl d'huile de sésame + 1 c. à soupe

2 c. à soupe de sucre de canne complet

1 pincée de piment

150 g de riz

4 carottes râpées

1 concombre râpé

2 cébettes hachées

1 pincée de sésame doré

4 PERSONNES

15 MIN | 10 MIN | 10 MIN

€€

TOUR DU MONDE

1. Dans un grand bol, mélangez la sauce soja, 5 cl d'huile de sésame, le sucre de canne, l'oignon, le gingembre et le piment. Mettez la viande à mariner 10 min dans la préparation.

2. Versez le riz dans la cuve du Cookeo et couvrez d'eau à hauteur. Lancez le programme préenregistré pour la cuisson du riz.

3. Mélangez les carottes et le concombre avec les cébettes hachées et le sésame.

4. Égouttez la viande en conservant la marinade. Faites-la revenir 5 min avec 1 c. à soupe d'huile de sésame dans la cuve du Cookeo en **mode dorer**.

5. Répartissez le riz dans 4 bols. Ajoutez les légumes, la marinade et la viande.

Astuce : plus vous prolongez le temps de marinade de la viande, plus le plat sera savoureux !

495 kcal

protides
37 g
glucides
25 g
lipides
26 g

BŒUF À L'ASIATIQUE, JULIENNE DE LÉGUMES

INGRÉDIENTS

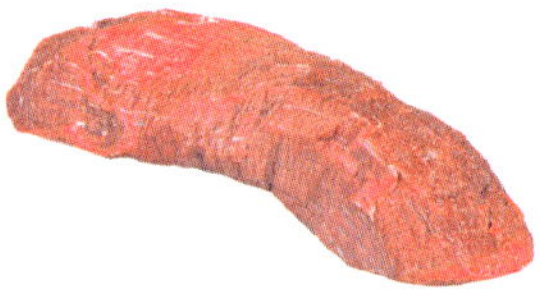

600 g de filet de bœuf en fines lanières

1 oignon ciselé

2 poivrons jaunes en lanières

2 poivrons rouges en lanières

3 gousses d'ail hachées

4 c. à soupe de sauce soja sucrée

2 c. à soupe de sirop d'agave

1 c. à soupe de poivre moulu

1 filet d'huile de tournesol

2 cébettes ciselées

1 pincée de sésame

4 PERSONNES

5 MIN 10 MIN 15 MIN

€€

TOUR DU MONDE

1. Mélangez l'ail avec la sauce soja, le sirop d'agave et le poivre. Mettez la viande à mariner 10 min environ dans cette sauce.

2. Faites revenir l'oignon 2 min avec l'huile de tounesol dans la cuve du Cookeo en **mode dorer**. Ajoutez les poivrons et poursuivez la cuisson 5 min.

3. Versez 3 c. à soupe de marinade et 5 cl d'eau. Lancez le **mode cuisson sous pression** pour 5 min. Réservez les poivrons hors de la cuve.

4. Faites revenir la viande 3 min dans la cuve du Cookeo en **mode dorer**. Servez avec les poivrons, les cébettes et le sésame.

324 kcal

protides 36 g

glucides 15 g

lipides 13 g

ENTS

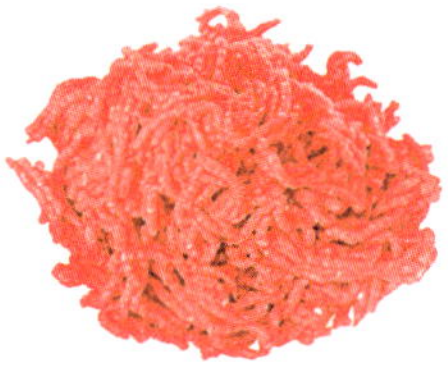

400 g de bœuf haché
à 5 % de matière grasse

1 c. à café de paprika

350 g de haricots verts

20 cl de coulis de tomates

1 œuf

4 brins de persil
3 c. à soupe de chapelure
1 c. à soupe d'huile d'olive
1 oignon ciselé
Thym

BOULETTES DE BŒUF AU PAPRIKA, HARICOTS À LA TOMATE

4 PERSONNES

15 MIN 12 MIN

€

EXPRESS

1. Dans un grand bol, mélangez le bœuf, l'œuf, le paprika, le persil haché et la chapelure. Assaisonnez bien, puis formez des boulettes.

2. Faites colorer les boulettes sur tous les côtés avec l'huile d'olive dans la cuve du Cookeo en **mode dorer**. Réservez.

3. Faites revenir l'oignon 2 min dans la cuve du Cookeo, toujours en **mode dorer**.

4. Ajoutez les haricots verts, le coulis de tomates, le thym, 5 cl d'eau, salez et poivrez. Lancez le **mode cuisson sous pression** pour 4 min. Ajoutez les boulettes, puis prolongez la cuisson de 2 min.

Variante : pour un goût plus original, remplacez le paprika par du paprika fumé !

249 kcal

protides
27 g
glucides
13 g
lipides
9 g

ENTS

600 g de bœuf haché
à 5 % de matière grasse

1 grosse tomate en dés

300 g de coulis de tomates

8 tomates cerises

1 oignon émincé

3 c. à soupe de persil ciselé
2 c. à soupe d'huile d'olive

BOULETTES DE BŒUF AUX TROIS TOMATES

4 PERSONNES

20 MIN 9 MIN

€

EXPRESS

IG BAS

SANS GLUTEN

1. Malaxez le bœuf haché avec l'oignon et le persil, puis formez des boulettes. Assaisonnez-les.

2. Faites dorer les boulettes 5 min avec l'huile d'olive dans la cuve du Cookeo en **mode dorer**, en les retournant régulièrement. Ajoutez les dés de tomates et poursuivez la cuisson 1 min.

3. Versez le coulis et ajoutez les tomates cerises. Lancez le **mode cuisson sous pression** pour 3 min.

364 kcal

protides
33 g
glucides
10 g
lipides
21 g

MIJOTÉ DE BŒUF, AUBERGINE ET TOMATES

INGRÉDIENTS

600 g de bœuf à mijoter en cubes

1 aubergine en dés

400 g de concassé de tomates

1 citron en tranches

1 oignon émincé

1 c. à soupe d'huile d'olive

1 c. à café de coriandre en poudre

1 c. à café de cannelle

1 c. à café de poivre

Menthe ciselée

4 PERSONNES

10 MIN · 50 MIN

€€

SANS GLUTEN

IG BAS

1. Faites griller le citron dans la cuve du Cookeo en **mode dorer** jusqu'à ce que les tranches noircissent. Réservez hors du Cookeo.

2. Faites colorer sur tous les côtés la viande pendant environ 2 min avec l'huile dans la cuve du Cookeo toujours en **mode dorer**. Ajoutez l'oignon et poursuivez la cuisson 2 min.

3. Versez le concassé de tomates, les épices, le poivre, une pincée de sel et 5 cl d'eau. Lancez le **mode cuisson sous pression** pour 30 min.

4. Ajoutez l'aubergine dans la cuve avec les tranches de citron grillées. Prolongez la cuisson de 15 min. Servez seul ou accompagné de riz, parsemé de menthe ciselée.

433 kcal

protides
50 g
glucides
5 g
lipides
22 g

DIENTS

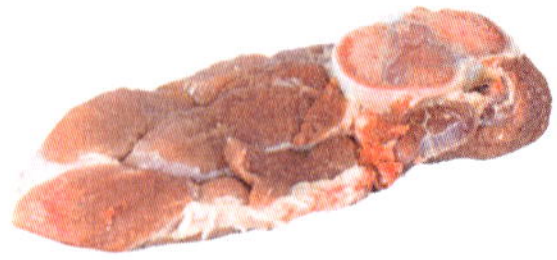

600 g de viande de bœuf à mijoter en cubes

80 g d'olives mélangées

2 carottes en rondelles

1 oignon rouge en morceaux

2 gousses d'ail hachées

1 bouquet garni
75 cl de vin rouge
1 filet d'huile d'olive
2 c. à soupe de farine

GARDIANNE DE BŒUF AUX OLIVES

4 PERSONNES

15 MIN · 1 NUIT · 50 MIN

€€

1. La veille, mettez le bœuf, les carottes, l'oignon et l'ail à mariner dans le vin avec et le bouquet garni.

2. Le jour même, égouttez la viande en conservant la marinade. Filtrez-la pour séparer le vin des légumes.

3. Faites revenir la viande 5 min avec l'huile d'olive dans la cuve du Cookeo en **mode dorer**.

4. Saupoudrez de farine, puis ajoutez le vin de la marinade et le bouquet garni. Lancez le **mode cuisson sous pression** pour 35 min.

5. Ajoutez les légumes et les olives, puis prolongez la cuisson de 10 min. Servez avec du riz de Camargue ou des pâtes fraîches.

507 kcal

protides
34 g
glucides
14 g
lipides
19 g

INGRÉDIENTS

500 g de bœuf
à bourguignon en dés

250 g de haricots noirs secs
1 oignon émincé
2 gousses d'ail hachées

1 poivron rouge en dés
4 c. à soupe d'huile d'olive

400 g de tomates
concassées
1 c. à café d'origan séché

1 c. à café de cumin
en poudre

1 c. à café de paprika
1 c. à soupe de concentré
de tomates
Tabasco® (facultatif)
Coriandre

CHILI
CON CARNE

4 PERSONNES

20 MIN | 12 H | 43 MIN

€€

TOUR DU MONDE

IG BAS

1. La veille, faites tremper les haricots dans de l'eau froide.

2. Le jour même, faites revenir la viande, l'oignon et l'ail 3 min environ avec l'huile d'olive dans la cuve du Cookeo en **mode dorer**.

3. Ajoutez les tomates, le poivron, l'origan, les épices, le concentré, les haricots et 75 cl d'eau. Salez. Lancez le **mode cuisson sous pression** pour 50 min.

4. Servez en relevant éventuellement le chili con carne avec du Tabasco® et quelques feuilles de coriandre.

Astuce : *pour une version express, remplacez les haricots secs par des haricots rouges en boîte, en supprimant l'étape de trempage et en les ajoutant dans la cuve 10 min avant la fin de la cuisson.*

547 kcal

protides
47 g
glucides
36 g
lipides
21 g

INGRÉDIENTS

200 g de riz

300 g de bœuf haché
à 5 % de matière grasse

2 poivrons rouges en cubes

2 échalotes émincées
1 c. à soupe d'huile d'olive

1 c. à café de curcuma

Coriandre

RIZ PILAF AU BŒUF ÉPICÉ ET AUX POIVRONS

4 PERSONNES

15 MIN 27 MIN

€€

TOUR DU MONDE

SANS GLUTEN

1. Faites revenir les échalotes et le riz 6 à 7 min avec l'huile d'olive dans la cuve du Cookeo en **mode dorer**, en remuant régulièrement jusqu'à ce qu'ils deviennent translucides. Ajoutez le bœuf, les poivrons et le curcuma, puis poursuivez la cuisson 5 min.

2. Versez de l'eau à hauteur et laissez mijoter jusqu'à absorption totale. Comptez 15 min environ. Servez parsemé de coriandre.

389 kcal

protides
24 g
glucides
42 g
lipides
13 g

INGRÉDIENTS

700 g de rôti de porc

3 c. à soupe de câpres à queue

7 pruneaux dénoyautés

1 c. à café d'origan séché
1 filet d'huile d'olive
20 cl de vin blanc
100 g d'olives mélangées

2 c. à soupe de cassonade
2 gousses d'ail

300 g de feuilles d'épinards

RÔTI DE PORC FAÇON MARBELLA

4 PERSONNES

5 MIN 15 MIN

€€

EXPRESS

SANS GLUTEN

1. Assaisonnez le rôti de porc et parsemez-le d'origan. Faites-le colorer 3 min environ sur toutes les faces avec l'huile d'olive dans la cuve du Cookeo en **mode dorer**.

2. Ajoutez tous les autres ingrédients, sauf les épinards. Lancez le **mode cuisson sous pression** pour 10 min. Ajoutez les feuilles d'épinards et prolongez la cuisson de 2 min.

552 kcal

protides
43 g
glucides
30 g
lipides
23 g

INGRÉDIENTS

700 g de rôti de porc

½ grenade égrainée

30 cl de jus de grenade

1 oignon émincé
1 c. à soupe d'huile d'olive

6 c. à soupe de miel d'acacia

1 blette

RÔTI DE PORC À LA GRENADE

4 PERSONNES

5 MIN 21 MIN

€€

EXPRESS

SANS GLUTEN

RECETTE WAOUH

1. Faites revenir le rôti assaisonné 3 min environ sur tous les côtés avec l'huile d'olive dans la cuve du Cookeo en **mode dorer**. Ajoutez l'oignon et poursuivez la cuisson 2 min.

2. Versez le jus de grenade et le miel. Lancez le **mode cuisson sous pression** pour 12 min. Réservez et gardez au chaud sous une feuille d'aluminium.

3. Versez 20 cl d'eau dans la cuve du Cookeo et placez les feuilles de blette dans le panier vapeur. Lancez le **mode cuisson sous pression** pour 4 min. Servez avec le rôti de porc et parsemez des graines de grenade.

442 kcal

protides
42 g
glucides
37 g
lipides
13 g

INGRÉDIENTS

700 g de filet mignon de porc

2 courgettes vertes

1 courgette jaune
1 filet d'huile d'olive

20 cl de bouillon de volaille

6 brins de ciboulette
6 brins d'estragon
1 avocat
2 gousses d'ail
Le jus de 1 citron
30 g d'amandes

FILET MIGNON DE PORC ET COURGETTES

4 PERSONNES

15 MIN 11 MIN

€

EXPRESS
SANS GLUTEN
IG BAS

1. Assaisonnez le filet mignon de porc. Faites-le revenir 3 min sur tous les côtés avec l'huile d'olive dans la cuve du Cookeo en **mode dorer**.

2. Versez le bouillon et lancez le **mode cuisson sous pression** pour 8 min.

3. Dans le bol d'un petit mixeur, mixez les herbes, la chair de l'avocat, l'ail, le jus de citron, les amandes, 3 c. à soupe d'eau et 1 bonne pincée de sel et de poivre.

4. À l'aide d'un Économe, formez des tagliatelles de courgettes. Servez le filet mignon avec la crème d'avocat aux herbes et les tagliatelles crues.

459 kcal

protides
43 g
glucides
8 g
lipides
27 g

FILET MIGNON DE PORC AUX CAROTTES ET HARICOTS

4 PERSONNES

10 MIN · 18 MIN

€€

GRAND CLASSIQUE

SANS GLUTEN

INGRÉDIENTS

600 g de filet mignon de porc

600 g de carottes en rondelles

200 g de haricots blancs

2 c. à soupe d'huile d'olive

1 oignon émincé

1 c. à café de graines d'anis (facultatif)

Les zestes de 1 orange

25 cl de vin blanc

1. Faites colorer le filet mignon sur toutes ses faces avec la moitié de l'huile chaude dans la cuve du Cookeo en **mode dorer**. Réservez-le hors de la cuve en le maintenant au chaud.

2. Faites chauffer l'huile restante dans la cuve du Cookeo toujours en **mode dorer**. Faites-y revenir l'oignon, les carottes, l'anis si vous en utilisez et les zestes d'orange pendant 4 min.

3. Versez le vin blanc et ajoutez les haricots. Replacez le filet mignon dans la cuve, salez et poivrez. Lancez le **mode cuisson sous pression** pour 10 min. Servez le filet mignon tranché accompagné des légumes.

494 kcal

protides
22 g
glucides
6 g
lipides
42 g

INGRÉDIENTS

4 côtes de porc sans os

2 bâtons de citronnelle en tronçons

500 g de mélange de légumes surgelé

1 échalote émincée

2 gousses d'ail

2 c. à soupe de cassonade

2 c. à café de sauce nuoc-mâm

1 c. à café de sauce sriracha (ou de Tabasco®)

5 c. à soupe de sauce soja

1 filet d'huile d'olive

CÔTES DE PORC À LA CITRONNELLE

4 PERSONNES

10 MIN · 10 MIN · 5 MIN

€

EXPRESS

TOUR DU MONDE

1. Placez l'échalote et la citronnelle dans un mixeur avec l'ail, la cassonade, les sauces, du sel, du poivre et 4 c. à soupe d'eau. Mixez le tout et enduisez les côtes de porc de la préparation. Placez-les au frais pour 10 min.

2. Faites griller la viande 1 min de chaque côté avec l'huile chaude dans la cuve du Cookeo en **mode dorer**.

3. Ajoutez les légumes et versez 5 cl d'eau. Lancez le **mode cuisson sous pression** pour 3 min.

329 kcal

protides
36 g
glucides
16 g
lipides
12 g

PORC AU CARAMEL ET VERMICELLES DE RIZ

4 PERSONNES

15 MIN · 20 MIN

€€

TOUR DU MONDE

INGRÉDIENTS

300 g de filet mignon de porc en cubes

240 g de vermicelles de riz

3 oignons émincés
1 c. à soupe d'huile d'olive

1 c. à soupe de sirop d'agave

1 c. à soupe de sauce soja

Quelques feuilles de coriandre et/ou de menthe

1. Faites revenir les oignons 5 min avec l'huile d'olive dans la cuve du Cookeo en **mode dorer**. Ajoutez la viande et poursuivez la cuisson 5 min.

2. Versez 20 cl d'eau. Lancez le **mode cuisson sous pression** pour 5 min.

3. Assaisonnez, puis versez le sirop d'agave et la sauce soja. Laissez caraméliser 5 min en **mode dorer**.

4. Réhydratez les vermicelles dans de l'eau bouillante, puis servez-les avec le porc caramélisé, le tout parsemé de feuilles de coriandre et/ou de menthe.

342 kcal

protides 21 g
glucides 51 g
lipides 6 g

NOUILLES SAUTÉES AU PORC ET LÉGUMES

4 PERSONNES

20 MIN · 10 MIN · 15 MIN

€

TOUR DU MONDE

INGRÉDIENTS

300 g de vermicelles de riz

500 g de filet mignon de porc

200 g de pois gourmands

1 brocoli coupé en fleurettes
3 c. à soupe d'huile d'olive
2 c. à soupe de miel

1 c. à soupe de moutarde à l'ancienne
3 c. à soupe de sauce soja
Le zeste de 1 orange
1 c. à soupe d'origan séché
3 gousses d'ail hachées

1. Dans un grand bol, mélangez l'huile d'olive, le miel, la moutarde en grains, la sauce soja, le zeste de l'orange, l'origan et l'ail. Faites mariner le filet mignon pendant 10 min dans cette sauce.

2. Préparez les vermicelles en suivant les indications du sachet.

3. Versez 20 cl d'eau dans la cuve du Cookeo. Placez les pois gourmands et les fleurettes de brocoli dans le panier vapeur. Lancez le **mode cuisson sous pression** pour 3 min. Réservez.

4. Égouttez le filet mignon en conservant la marinade et coupez-le en deux si besoin, pour qu'il puisse rentrer dans le Cookeo. Faites-le griller 4 min sur tous les côtés dans la cuve du Cookeo en **mode dorer**.

5. Versez 15 cl d'eau et les trois quarts de la marinade. Lancez le **mode cuisson sous pression** pour 8 min.

6. Coupez la viande en tranches. Versez dans la cuve les vermicelles égouttés, les légumes cuits et le porc en lamelles. Mélangez bien et ajoutez quelques cuillerées de marinade restante pour enrober le tout de sauce.

607 kcal

protides
41 g
glucides
74 g
lipides
15 g

INGRÉDIENTS

200 g de riz arborio

200 g de petits pois écossés

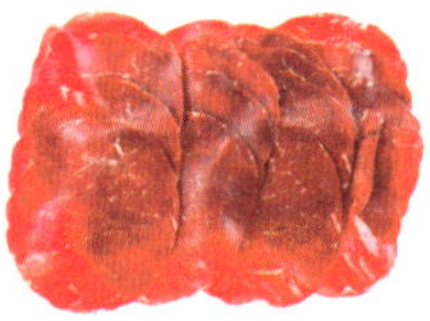

100 g de viande des Grisons en morceaux

20 cl de crème liquide allégée

4 brins d'estragon

1 échalote

1 c. à soupe d'huile d'olive

20 cl de vin blanc

90 cl de bouillon de volaille

2 c. à soupe de parmesan râpé

RISOTTO AUX PETITS POIS ET VIANDE DES GRISONS

4 PERSONNES

10 MIN 18 MIN

€€

EXPRESS

SANS GLUTEN

RECETTE WAOUH

1. Versez 20 cl d'eau dans la cuve du Cookeo. Placez les petits pois dans le panier vapeur. Lancez le **mode cuisson sous pression** pour 5 min.

2. Mixez les petits pois avec la crème, l'estragon effeuillé et une pincée de sel et de poivre. Réservez.

3. Faites revenir l'échalote avec l'huile chaude le temps du préchauffage dans la cuve du Cookeo en **mode dorer**. Ajoutez le riz et mélangez. Versez le vin blanc et laissez-le s'évaporer quelques minutes.

4. Versez le bouillon et lancez le **mode cuisson sous pression** pour 8 min.

5. Incorporez la crème de petits pois et la viande des Grisons en morceaux. Servez avec le parmesan et les pousses de petit pois.

387 kcal

protides
19 g
glucides
48 g
lipides
10 g

INGRÉDIENTS

4 escalopes de veau fines

Quelques feuilles de sauge

500 g de brocoli coupé en fleurettes

600 g de pommes de terre en cubes

2 c. à soupe d'huile d'olive

1 citron

ESCALOPE DE VEAU À LA SAUGE, PURÉE DE BROCOLIS

4 PERSONNES

10 MIN | 15 MIN

€€

EXPRESS

GRAND CLASSIQUE

SANS GLUTEN

1. Placez le brocoli et les pommes de terre dans le panier vapeur. Versez 20 cl d'eau dans la cuve du Cookeo et insérez le panier vapeur. Lancez le **mode cuisson sous pression** pour 7 min.

2. Écrasez les brocolis avec les pommes de terre à la fourchette. Salez, poivrez et incorporez 1 c. à soupe d'huile d'olive.

3. Faites chauffer l'huile restante dans la cuve du Cookeo en **mode dorer**. Ajoutez les feuilles de sauge et faites colorer les escalopes de veau 1 à 2 min de chaque côté. Servez avec la purée et des quartiers de citron.

351 kcal

protides
39 g

glucides
28 g

lipides
7 g

VITELLO TONNATO

4 PERSONNES

10 MIN 20 MIN

€€€

EXPRESS

GRAND CLASSIQUE

SANS GLUTEN

INGRÉDIENTS

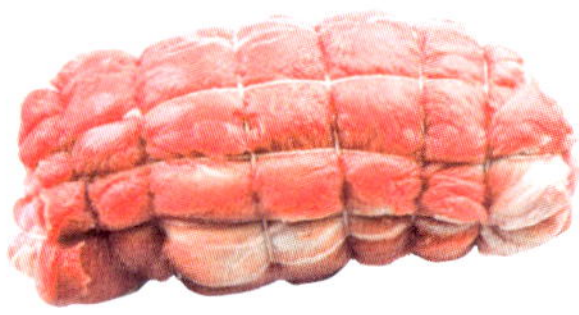

800 g de rôti de veau

3 c. à soupe d'huile d'olive

½ cube de bouillon de légumes

1 brin de romarin

12 cl de vin blanc

4 c. à soupe de fromage blanc

2 c. à soupe de câpres

8 brins d'estragon

8 brins de persil

8 anchois

80 g de thon en boîte

½ citron

400 g de broccolinis (ou de brocolis coupés en fleurettes)

1. Assaisonnez la viande. Faites-la revenir 4 min avec l'huile chaude dans la cuve du Cookeo en **mode dorer**.

2. Ajoutez le cube de bouillon, le romarin, le vin et 30 cl d'eau. Lancez le **mode cuisson sous pression** pour 10 min.

3. Préparez la sauce. Mixez le fromage blanc, les câpres, les herbes fraîches, les anchois, le thon égoutté et le jus de citron.

4. Égouttez la viande et laissez-la tiédir hors de la cuve. Versez 20 cl d'eau dans la cuve. Placez les broccolinis dans le panier vapeur et lancez le **mode cuisson sous pression** pour 5 min.

5. Coupez la viande en tranches fines et servez-la avec la sauce et les broccolinis.

510 kcal

protides
73 g

glucides
3 g

lipides
20 g

BALLOTINS DE VEAU AUX HERBES

MIJOTÉ DE VEAU
AUX LÉGUMES PRIMEURS

BALLOTINS DE VEAU AUX HERBES

4 PERSONNES

20 MIN 20 MIN

€€

RECETTE WAOUH

SANS GLUTEN

INGRÉDIENTS

4 escalopes de veau de 1 cm d'épaisseur

1 bouquet du mélange d'herbes fraîches de votre choix (persil, menthe, estragon, coriandre, etc.)

700 g de carottes en rondelles

4 gousses d'ail hachées

1 c. à soupe d'herbes de Provence

1 c. à café de piment en poudre

1 filet d'huile d'olive

20 cl de vin blanc

15 cl de crème de soja

1. Placez les carottes dans le panier vapeur. Versez 20 cl d'eau dans la cuve du Cookeo et insérez le panier vapeur. Lancez le **mode cuisson sous pression** pour 6 min.

2. Salez et poivrez les escalopes de chaque côté, puis quadrillez un côté au couteau. Répartissez-y le mélange d'herbes, les herbes de Provence, l'ail et le piment. Roulez et ficelez la viande en la serrant bien.

3. Faites revenir les ballotins de veau 5 min environ avec l'huile d'olive dans la cuve du Cookeo en **mode dorer**.

4. Versez le vin, salez et poivrez. Lancez le **mode cuisson sous pression** pour 8 min.

5. Mixez les carottes cuites avec la crème de soja pour obtenir une purée crémeuse et servez avec la viande.

447 kcal

protides 36 g
glucides 19 g
lipides 20 g

MIJOTÉ DE VEAU
AUX LÉGUMES PRIMEURS

4 PERSONNES

15 MIN 35 MIN

€€

GRAND CLASSIQUE

SANS GLUTEN

1. Faites revenir les morceaux de veau 5 min avec l'huile d'olive dans la cuve du Cookeo en **mode dorer**.

2. Ajoutez le thym et le romarin, puis versez le bouillon. Lancez le **mode cuisson sous pression** pour 25 min.

3. Ajoutez les légumes dans la cuve, salez et poivrez. Prolongez la cuisson de 5 min. Servez avec le persil haché.

368 kcal

protides
38 g
glucides
35 g
lipides
7 g

INGRÉDIENTS

600 g de veau à mijoter en morceaux

8 petites carottes nouvelles

5 oignons nouveaux coupés en 2 dans la longueur

5 pommes de terre moyennes en morceaux

1 botte de navets nouveaux

2 branches de céleri émincées

1 filet d'huile d'olive

Thym

Romarin

50 cl de bouillon de volaille

3 brins de persil hachés

INGRÉDIENTS

800 g de veau à mijoter en gros cubes

8 fonds d'artichauts coupés en 4

2 gousses d'ail hachées

½ bouquet de persil ou de coriandre (ou un mélange) haché

3 oignons coupés en 4

2 c. à soupe d'huile d'olive

2 c. à soupe rases de ras el-hanout

TAJINE DE VEAU AUX ARTICHAUTS

4 PERSONNES

15 MIN 25 MIN

€€€

SANS GLUTEN

IG BAS

TOUR DU MONDE

1. Déposez la viande et les oignons dans un grand saladier. Salez et poivrez. Ajoutez l'huile d'olive et le ras el-hanout, puis mélangez bien le tout.

2. Versez le contenu du saladier dans la cuve du Cookeo et ajoutez 20 cl d'eau. Lancez le **mode cuisson sous pression** pour 20 min.

3. Ajoutez les fonds d'artichauts, l'ail et les herbes, puis prolongez la cuisson de 5 min. Servez avec de la semoule.

Astuce : à la place des fonds d'artichauts, vous pouvez utiliser 500 g de jardinière de légumes surgelée.

319 kcal

protides
47 g

glucides
14 g

lipides
115 g

MIJOTÉ DE VEAU AU POTIMARRON

4 PERSONNES

15 MIN 33 MIN

€€

RECETTE WAOUH

INGRÉDIENTS

700 g d'épaule de veau en cubes

1 petit potimarron en tranches

1 oignon émincé

1 c. à soupe d'huile d'olive

1 c. à soupe de fécule de maïs

20 cl de vin blanc

2 c. à soupe de miel

2 c. à soupe de sauce soja salée

1 c. à café de piment en poudre

30 cl de bouillon de bœuf

1 brin de romarin

1. Faites revenir l'oignon 2 min avec l'huile d'olive dans la cuve du Cookeo en **mode dorer**. Ajoutez la viande et faites-le dorer 3 min sur tous les côtés.

2. Saupoudrez de fécule de maïs et mélangez bien. Versez le vin, le miel, la sauce soja, le piment, le bouillon et le romarin. Salez et poivrez. Lancez le **mode cuisson sous pression** pour 20 min.

3. Ajoutez le potimarron dans la cuve. Prolongez la cuisson de 8 min.

349 kcal

protides 38 g

glucides 15 g

lipides 11 g

PAUPIETTES DE VEAU ET COURGE

INGRÉDIENTS

4 escalopes de veau très fines

600 g de courge en cubes

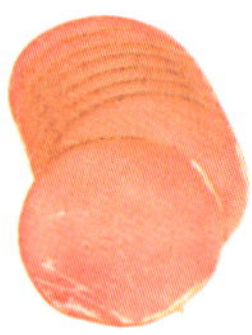

4 tranches rondes de bacon

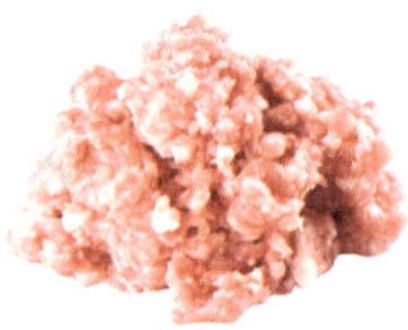

250 g de farce à légumes
1 c. à soupe d'huile d'olive

Thym frais

20 cl de vin blanc
15 cl de bouillon de légumes
1 poignée de graines de courge

4 PERSONNES

20 MIN — 12 MIN

€€€

RECETTE WAOUH

SANS GLUTEN

1. Sur un plan de travail propre, étalez les escalopes de veau bien à plat. Assaisonnez-les et répartissez dessus les tranches de bacon, puis la farce à légumes au centre. Rabattez les bords des escalopes sur la farce pour former les paupiettes et ficelez-les pour bien les fermer.

2. Faites chauffer l'huile d'olive dans la cuve du Cookeo en **mode dorer**. Faites-y revenir les paupiettes en 3 min sur tous les côtés, puis réservez-les hors de la cuve.

3. Ajoutez la courge dans la cuve avec le thym, du sel et du poivre. Déposez les paupiettes par-dessus, puis versez le vin et le bouillon. Lancez le **mode cuisson sous pression** pour 8 min. Servez avec les graines de courge.

480 kcal

protides
47 g
glucides
9 g
lipides
24 g

INGRÉDIENTS

4 souris d'agneau

1 botte de carottes nouvelles

260 g de semoule
1 c. à soupe d'huile d'olive

3 oignons émincés

50 cl de bouillon de volaille
1 c. à café de ras el-hanout
1 bâton de cannelle
2 poignées de raisins secs
80 g de pois chiches
Quelques brins de ciboulette ciselés

SOURIS D'AGNEAU AUX CAROTTES ET SEMOULE

4 PERSONNES

15 MIN 36 MIN

€€€

RECETTE WAOUH

1. Faites revenir les souris d'agneau 5 min sur tous les côtés avec l'huile d'olive dans la cuve du Cookeo en **mode dorer**. Réservez-les hors de la cuve.

2. Faites griller les oignons 3 min environ dans la cuve du Cookeo toujours en **mode dorer**.

3. Versez le bouillon, les épices, les raisins secs, du sel et du poivre. Lancez le **mode cuisson sous pression** pour 25 min. Ajoutez les carottes et les pois chiches, puis prolongez la cuisson de 3 min.

4. Faites cuire la semoule en suivant les indications du paquet. Servez-la avec les souris effilochées, les légumes et la ciboulette ciselée.

Astuce : si vous ne trouvez pas de carottes nouvelles à cuire entières, utilisez des carottes classiques en rondelles.

607 kcal
protides
43 g
glucides
75 g
lipides
13 g

BROCHETTES D'AGNEAU AUX HERBES

4 PERSONNES

15 MIN 15 MIN 11 MIN

€€

TOUR DU MONDE

IG BAS

INGRÉDIENTS

700 g d'agneau à griller en morceaux

1 chou-fleur coupé en fleurettes

6 brins de coriandre

6 brins de persil

6 brins de menthe

2 branches de céleri émincées

3 gousses d'ail

20 g de gingembre râpé

1 pincée de piment

Le jus de ½ citron

6 c. à soupe d'huile de tournesol

3 c. à soupe de sauce soja

1 pincée de sésame

1 filet d'huile d'olive

1. Placez dans le bol d'un mixeur les herbes, le céleri, l'ail, le gingembre et le piment. Mixez pour obtenir une pâte.

2. Enfilez les morceaux d'agneau sur des piques à brochettes en bois. Enduisez-les de la préparation précédente, salez, poivrez et laissez mariner 15 min.

3. Versez 20 cl d'eau dans la cuve du Cookeo et placez les fleurettes de chou-fleur dans le panier vapeur. Lancez le **mode cuisson sous pression** pour 6 min.

4. Préparez une vinaigrette. Mélangez le jus de citron, l'huile de tournesol, la sauce soja et le sésame.

5. Faites griller les brochettes 5 min avec l'huile d'olive dans la cuve du Cookeo en **mode dorer**, en les retournant fréquemment. Servez avec la marinade et la salade de chou-fleur arrosée de vinaigrette.

593 kcal

protides 39 g

glucides 8 g

lipides 43 g

INGRÉDIENTS

200 g de boulgour

500 g d'agneau à griller en lamelles

1 c. à soupe d'huile d'olive

1 c. à café de cumin en poudre

1 c. à café d'origan séché

100 g de raisins secs

2 têtes de brocoli hachées

8 brins de menthe hachés

8 brins de persil hachés

200 g de yaourt

½ grenade égrainée (facultatif)

POÊLÉE DE BOULGOUR À L'AGNEAU

4 PERSONNES

10 MIN — 8 MIN

€€

EXPRESS

TOUR DU MONDE

1. Coupez l'agneau en lamelles. Faites-les griller 3 min environ avec l'huile d'olive dans la cuve du Cookeo en **mode dorer**. Réservez hors de la cuve.

2. Versez le boulgour, le cumin, l'origan, les raisins secs et 1 pincée de sel et de poivre dans la cuve. Couvrez de 50 cl d'eau. Lancez le **mode cuisson sous pression** pour 5 min.

3. Ajoutez les brocolis et les herbes dans la cuve avec les lamelles d'agneau. Assaisonnez et mélangez bien. Servez avec le yaourt légèrement salé et poivré et éventuellement quelques grains de grenade.

598 kcal

protides 37 g

glucides 55 g

lipides 23 g

POISSONS & FRUITS DE MER

BOUILLON DE CABILLAUD À L'ANTILLAISE

4 PERSONNES

10 MIN 8 MIN

€€

EXPRESS

SANS GLUTEN

INGRÉDIENTS

4 pavés de cabillaud en morceaux

2 branches de céleri émincées

1 piment vert émincé

500 g de pommes de terre en morceaux

1 filet d'huile d'olive

1 l de bouillon de légumes

1 pincée de curcuma en poudre

1 c. à café de cumin en poudre

1 c. à café de pâte de piment rouge

1. Faites revenir le céleri et le piment 2 min avec l'huile d'olive dans la cuve du Cookeo en **mode dorer**.

2. Ajoutez le poisson, les pommes de terre, le bouillon, les épices et la pâte de piment. Assaisonnez et lancez le **mode cuisson sous pression** pour 6 min.

228 kcal

protides
21 g

glucides
23 g

lipides
5 g

SOUPE DE POISSON DE LA LOUISIANE

INGRÉDIENTS

600 g de poisson blanc au choix (lotte, par exemple) en gros morceaux

1 branche de céleri émincée

1 oignon ciselé

1 tomate en dés

1 poivron vert en cubes

1 c. à soupe d'huile d'olive

1 pincée de curcuma

1 c. à café de mélange d'épices tex-mex

1 l de bouillon de volaille

300 g de crevettes

4 brins de coriandre

1 citron vert

4 PERSONNES

15 MIN — 6 MIN

€€

TOUR DU MONDE

SANS GLUTEN

IG BAS

1. Faites revenir le céleri, l'oignon, la tomate et le poivron 3 min avec l'huile d'olive dans la cuve du Cookeo en **mode dorer**.

2. Ajoutez les épices, le bouillon, les crevettes et le poisson. Assaisonnez, puis lancez le **mode cuisson sous pression** pour 3 min. Servez avec la coriandre et un trait de jus de citron vert.

233 kcal

protides 41 g

glucides 5 g

lipides 5 g

RAMEN AU MAQUEREAU ET AUX CHAMPIGNONS

INGRÉDIENTS

4 filets de maquereau
2 gousses d'ail hachées

1 filet d'huile de sésame

150 g de mélange de champignons (shiitake, shimeji, etc.)

2 pak-choï
40 g de préparation pour soupe miso

200 g de vermicelles de riz
4 c. à café de sauce soja
1 c. à soupe de miel
1 c. à café de sauce sriracha
Basilic thaï ou coriandre
Piment doux en poudre

4 PERSONNES

10 MIN — 10 MIN

€€

EXPRESS

TOUR DU MONDE

1. Faites revenir l'ail 1 min avec l'huile de sésame dans la cuve du Cookeo en **mode dorer**.

2. Ajoutez les champignons, les feuilles de pak-choï, la préparation pour soupe miso et 1,3 l d'eau. Lancez le **mode cuisson sous pression** pour 4 min.

3. Ébouillantez les vermicelles de riz et laissez-les tremper en suivant les indications du paquet.

4. Dans un bol, mélangez la sauce soja, le miel et la sauce sriracha.

5. Débarrassez la soupe du Cookeo et versez 20 cl d'eau dans la cuve. Placez les filets de maquereau dans le panier vapeur, puis à l'aide d'un pinceau, badigeonnez-les du mélange précédent. Lancez le **mode cuisson sous pression** pour 3 min.

6. Répartissez les nouilles dans 4 bols, ajoutez la soupe et le poisson. Parsemez de feuilles de basilic thaï et de piment selon les goûts.

568 kcal
protides
35 g
glucides
49 g
lipides
25 g

GRÉDIENTS

350 g de crevettes décortiquées

80 cl de lait de coco

1 échalote ciselée

1 gousse d'ail hachée

10 g de gingembre frais en rondelles

1 bâton de citronnelle en tronçons

1 c. à soupe d'huile de tournesol

2 c. à soupe de pâte de curry rouge

200 g de vermicelles de riz

4 c. à soupe de sauce soja

2 cébettes

Quelques feuilles de basilic thaï ou de coriandre

1 citron vert

SOUPE DE CREVETTES AU LAIT DE COCO

4 PERSONNES

10 MIN 16 MIN

€€

EXPRESS

TOUR DU MONDE

1. Faites revenir l'échalote, l'ail, le gingembre et la citronnelle 1 min avec l'huile de tournesol dans la cuve du Cookeo en **mode dorer**.

2. Ajoutez la pâte de curry et les crevettes. Poursuivez la cuisson 1 min.

3. Versez 30 cl d'eau. Lancez le **mode cuisson sous pression** pour 4 min.

4. Faites tremper les vermicelles de riz en suivant les indications du paquet.

5. Ajoutez le lait de coco dans la cuve et passez en **mode mijoter** pour 10 min.

6. Retirez la citronnelle. Ajoutez les pâtes égouttées et la sauce soja, puis mélangez bien. Servez avec les cébettes émincées, le basilic thaï et des quartiers de citron vert.

Astuce : si vous aimez les plats relevés, ajoutez un petit piment épépiné dans la préparation avant de lancer le mode cuisson sous pression.

685 kcal
protides
27 g
glucides
51 g
lipides
41 g

INGRÉDIENTS

600 g de saumon sans peau en dés

40 cl de lait de coco

2 branches de céleri émincées

1 échalote émincée

1 filet d'huile d'olive

200 g de pousses d'épinards

1 petite boîte de maïs

2 c. à soupe rases de fécule de maïs

40 cl de fumet de poisson

1 poivron vert long (facultatif)

CHOWDER DE SAUMON ET LAIT DE COCO

4 PERSONNES

10 MIN 18 MIN

€€

EXPRESS

SANS GLUTEN

1. Faites revenir le poisson avec l'huile d'olive dans la cuve du Cookeo 4 min environ en **mode dorer**. Réservez-le hors de la cuve et maintenez-le au chaud.

2. Faites revenir le céleri et l'échalote 1 min dans la cuve du Cookeo, toujours en **mode dorer**.

3. Ajoutez les épinards et le maïs, saupoudrez de fécule de maïs et mélangez. Couvrez du fumet de poisson, salez, poivrez et lancez le **mode cuisson sous pression** pour 3 min.

4. Ajoutez les dés de saumon et le lait de coco, puis passez en **mode mijoter** pour 10 min. Servez la soupe éventuellement parsemée de quelques rondelles de poivron vert.

616 kcal

protides 36 g
glucides 20 g
lipides 43 g

INGRÉDIENTS

300 g de saumon en gros morceaux

300 g de pavé de lieu en gros morceaux

500 g de moules nettoyées

1 bulbe de fenouil émincé

2 carottes coupées en biseaux

1 poireau coupé en biseaux

8 pommes de terre rouges en morceaux

2 gousses d'ail

1 bouquet garni

2 c. à soupe de court-bouillon de poisson

Quelques brins d'estragon hachés

POT-AU-FEU DE LA MER

4 PERSONNES

20 MIN · 8 MIN

€€

RECETTE WAOUH

EXPRESS

SANS GLUTEN

1. Déposez les légumes, l'ail non pelé, le court-bouillon et le bouquet garni dans la cuve du Cookeo, salez et couvrez d'eau à hauteur. Lancez le **mode cuisson sous pression** pour 6 min.

2. Ajoutez le poisson et les moules, puis prolongez la cuisson de 2 min. Parsemez d'estragon avant de servir.

630 kcal

protides 81 g
glucides 59 g
lipides 5 g

INGRÉDIENTS

500 g de poissons mélangés

2 grosses carottes en bâtonnets

2 courgettes en rondelles épaisses

400 g de champignons de Paris coupés en 2

30 cl de crème liquide

1 c. à soupe de fécule de maïs

Quelques brins de persil ciselé

BLANQUETTE DE POISSONS ET LÉGUMES

4 PERSONNES

15 MIN 18 MIN

€

GRAND CLASSIQUE

SANS GLUTEN

RECETTE WAOUH

1. Versez 10 cl d'eau dans la cuve du Cookeo. Mettez les poissons et les légumes dans le panier vapeur. Lancez le **mode cuisson sous pression** pour 8 min.

2. Ajoutez la crème mélangée à la fécule de maïs et remuez. Passez en **mode mijoter** pour 10 min, en remuant régulièrement. Servez parsemé de persil ciselé.

477 kcal

protides
32 g
glucides
13 g
lipides
150 g

TAJINE DE BOULETTES DE POISSON
À LA TOMATE

INGRÉDIENTS

800 g de colin ou d'églefin sans peau

800 g de concassé de tomates
2 gousses d'ail hachées
½ bouquet de coriandre haché
½ bouquet de persil haché

1 œuf

2 c. à soupe de chapelure

1 c. à café de cumin en poudre
1 poivron rouge en dés
1 oignon émincé
1 c. à soupe d'huile d'olive
1 c. à soupe de cassonade

6 PERSONNES

15 MIN 17 MIN

€

TOUR DU MONDE

1. Dans un petit mixeur, hachez la chair de poisson. Dans un bol, mélangez-la avec l'ail, l'œuf, la chapelure, la moitié du cumin et la moitié des herbes. Assaisonnez bien, puis formez des boulettes. Placez-les au frais.

2. Faites revenir le poivron et l'oignon 3 min avec l'huile d'olive dans la cuve du Cookeo en **mode dorer**.

3. Ajoutez le concassé de tomates, la cassonade et le reste de cumin. Versez 5 cl d'eau et lancez le **mode cuisson sous pression** pour 10 min.

4. Ajoutez les boulettes et prolongez la cuisson de 4 min. Servez avec quelques herbes fraîches.

261 kcal
protides 37 g
glucides 12 g
lipides 6 g

INGRÉDIENTS

4 filets de colin

600 g de pois gourmands

Le jus de 1 citron

1 petite faisselle

20 brins de ciboulette ciselés

2 c. à café d'huile d'olive

COLIN ET POIS GOURMANDS, SAUCE CITRONNÉE

4 PERSONNES

15 MIN · 3 MIN

€

EXPRESS

SANS GLUTEN

IG BAS

1. Déposez les filets de colin dans le panier vapeur, empilés les uns sur les autres et séparés par du papier sulfurisé. Ajoutez les pois gourmands et assaisonnez.

2. Versez 50 cl d'eau dans la cuve du Cookeo et insérez le panier vapeur rempli. Lancez le **mode cuisson sous pression** pour 3 min.

3. Mélangez la faisselle, la ciboulette ciselée et le jus de citron, puis assaisonnez. Servez le poisson avec la sauce et les pois arrosés d'huile d'olive.

234 kcal

protides
31 g

glucides
11 g

lipides
97 g

INGRÉDIENTS

600 g de pavé de cabillaud en gros cubes

500 g de coques nettoyées

1 capsule de safran

250 g de champignons de Paris coupés en 4

1 échalote ciselée

1 c. à soupe d'huile d'olive

20 cl de vin blanc sec

20 cl de crème liquide allégée

Quelques brins de ciboulette

CASSOLETTE DE LA MER AU SAFRAN

4 PERSONNES

10 MIN **8 MIN**

€€€

EXPRESS

RECETTE WAOUH

SANS GLUTEN

IG BAS

1. Faites revenir l'échalote avec l'huile d'olive le temps du préchauffage dans la cuve du Cookeo en **mode dorer**.

2. Ajoutez le poisson, les coques, les champignons, le safran et le vin. Lancez le **mode cuisson sous pression** pour 2 min.

3. Incorporez la crème, salez et poivrez, puis passez en **mode mijoter** pour 5 min. Servez avec la ciboulette et accompagnez de riz, par exemple.

Astuce : *pour débarrasser les coques d'un maximum de leur sable, laissez-les tremper 2 h dans un grand bac d'eau froide salée au gros sel. Brassez-les régulièrement et changez l'eau plusieurs fois. Égouttez-les ensuite délicatement.*

352 kcal
protides
43 g
glucides
8 g
lipides
13 g

INGRÉDIENTS

4 pavés de cabillaud

12 cl d'eau de conservation d'une boîte de pois chiches

130 g de noix de cajou ou d'amandes émondées

1 c. à café de moutarde fine de Dijon

400 g de pommes de terre grenaille coupées en 2

4 carottes en bâtonnets

¼ de chou-fleur coupé en fleurettes

1 brocoli

200 g de haricots verts

1 filet d'huile d'olive

4 brins d'estragon hachés

CABILLAUD AUX LÉGUMES ET MAYONNAISE LÉGÈRE

4 PERSONNES

20 MIN **1 H** **8 MIN**

€€

RECETTE WAOUH

SANS GLUTEN

1. Préparez la mayonnaise. Dans un mixeur, placez l'eau de pois chiches, les fruits secs, la moutarde et 1 pincée de sel et de poivre. Mixez à grande vitesse pour obtenir une crème onctueuse, puis placez-la 1 h environ au frais.

2. Placez les légumes et les pommes de terre dans le panier vapeur. Versez 20 cl d'eau dans la cuve du Cookeo et insérez le panier vapeur. Lancez le **mode cuisson sous pression** pour 5 min.

3. Assaisonnez les légumes, versez l'huile d'olive et parsemez d'estragon. Versez de nouveau 20 cl d'eau dans la cuve et placez le poisson assaisonné dans le panier vapeur. Lancez le **mode cuisson sous pression** pour 3 min. Servez avec la mayonnaise et les légumes tièdes.

525 kcal

protides
34 g
glucides
40 g
lipides
22 g

CABILLAUD AUX LÉGUMES VERTS ET CITRON

4 PERSONNES

15 MIN — 6 MIN

€€

EXPRESS

SANS GLUTEN

IG BAS

INGRÉDIENTS

600 g de pavé de cabillaud

400 g de haricots verts coupés en 2

200 g de petits pois écossés

1 citron

2 oignons nouveaux émincés

4 brins d'estragon hachés

120 g d'olives noires dénoyautées hachées

2 c. à soupe de câpres

2 c. à soupe d'huile d'olive

1. Placez les haricots et les petits pois dans le panier vapeur avec le cabillaud. Versez 20 cl d'eau dans la cuve du Cookeo et insérez le panier vapeur. Lancez le **mode cuisson sous pression** pour 6 min.

2. Coupez les citrons à vif pour obtenir des quartiers sans peau.

3. Mélangez les légumes cuits avec les quartiers de citron, l'estragon, les olives, les oignons et l'huile d'olive, puis salez et poivrez. Servez avec le poisson.

Variante : *vous pouvez remplacer le cabillaud par un autre poisson blanc de votre choix.*

336 kcal

protides 33 g
glucides 9 g
lipides 17 g

INGRÉDIENTS

500 g de dos de cabillaud

400 g de patates douces en cubes

1 oignon émincé

2 c. à soupe d'huile d'olive

40 cl de lait de coco

30 g de raisins secs blonds

½ c. à soupe de curry

3 c. à soupe de menthe et/ou de coriandre ciselée(s)

CABILLAUD AUX PATATES DOUCES

4 PERSONNES

15 MIN 17 MIN

€€

EXPRESS

SANS GLUTEN

1. Faites dorer l'oignon 5 min avec l'huile d'olive dans la cuve du Cookeo en **mode dorer**, en remuant régulièrement. Ajoutez les patates douces et prolongez la cuisson de 2 min en remuant.

2. Versez le lait de coco, les raisins, le curry et les herbes ciselées, en mélangeant. Lancez le **mode cuisson sous pression** pour 8 min.

3. Ajoutez les morceaux de poisson et prolongez la cuisson de 2 min. Servez avec du riz.

547 kcal

protides
28 g
glucides
48 g
lipides
25 g

INGRÉDIENTS

200 g de riz arborio

400 g de cabillaud

2 capsules de safran

2 échalotes

1 c. à soupe d'huile d'olive

15 cl de vin blanc

90 cl de bouillon de crustacés ou de fumet de poisson

Quelques graines germées (facultatif)

RISOTTO AU CABILLAUD ET SAFRAN

4 PERSONNES

5 MIN 12 MIN

€€

EXPRESS

RECETTE WAOUH

SANS GLUTEN

1. Faites revenir les échalotes 1 min avec l'huile d'olive dans la cuve du Cookeo en **mode dorer**. Ajoutez le riz et poursuivez la cuisson 1 min. Versez le vin et laissez-le s'évaporer presque totalement.

2. Versez le bouillon et le safran. Lancez le **mode cuisson sous pression** pour 5 min.

3. Mélangez bien, puis déposez le cabillaud assaisonné par-dessus. Lancez de nouveau le **mode cuisson sous pression** pour 3 min. Récupérez le poisson et émiettez-le.

4. Assaisonnez le risotto, puis servez-le avec le poisson et éventuellement quelques graines germées.

Astuce : *vous pouvez ajouter 500 g de palourdes bien rincées en même temps que le poisson pour parfumer le risotto.*

317 kcal
protides
22 g
glucides
41 g
lipides
4 g

PAELLA EXPRESS
AU LIEU

INGRÉDIENTS

500 g de pavés de lieu

1 oignon émincé

2 filets de poulet sans peau en cubes

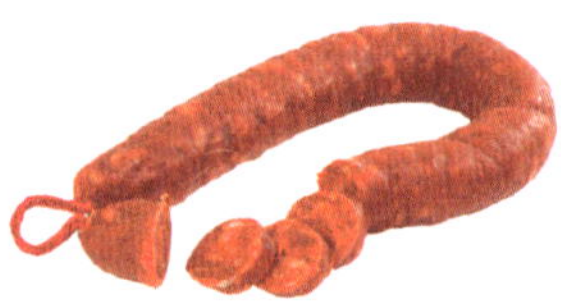

90 g de chorizo en lanières

1 c. à soupe d'huile d'olive

300 g de riz

2 capsules de Spigol® (mélange d'épices pour paella)

20 cl de vin blanc

70 cl de bouillon de volaille

250 g de petits pois

20 crevettes

4 PERSONNES

10 MIN — 15 MIN

€€

EXPRESS

TOUR DU MONDE

SANS GLUTEN

1. Faites revenir l'oignon avec l'huile d'olive le temps du préchauffage dans la cuve du Cookeo en **mode dorer**. Ajoutez le poulet et le chorizo, puis prolongez la cuisson de 2 min.

2. Ajoutez le riz et les épices, salez, poivrez, puis mélangez. Versez le vin, laissez-le s'évaporer et complétez avec le bouillon. Lancez le **mode cuisson sous pression** pour 8 min.

3. Ajoutez les petits pois, les crevettes et le lieu. Lancez de nouveau le **mode cuisson sous pression** pour 2 min.

Idée : *vous pouvez remplacer la moitié des petits pois par des fèves. Vous en trouverez des fraîches sur les étals au printemps, et toute l'année au rayon des légumes surgelés !*

855 kcal

protides 75 g

glucides 69 g

lipides 26 g

ONE POT DE LIEU À LA TOMATE

INGRÉDIENTS

600 g de lieu

500 g de concassé de tomates

3 brins de basilic hachés

1 oignon émincé

3 gousses d'ail hachées

400 g de pommes de terre en morceaux

1 c. à soupe d'huile d'olive

1 c. à café de cumin en poudre

200 g de pousses d'épinards

Le zeste de 1 citron

4 PERSONNES

10 MIN 8 MIN

€

EXPRESS

SANS GLUTEN

1. Faites revenir l'oignon avec l'huile d'olive le temps du préchauffage dans la cuve du Cookeo en **mode dorer**. Ajoutez l'ail et les épices, puis mélangez rapidement.

2. Ajoutez le poisson, les pommes de terre, les épinards, la moitié du basilic haché, le concassé de tomates et le zeste du citron. Assaisonnez et lancez le **mode cuisson sous pression** pour 6 min.

3. Incorporez le reste de basilic au moment de servir.

Astuce : *pour encore plus de goût, ajoutez 1 c. à café de sumac, une épice orientale très parfumée, en même temps que le cumin.*

275 kcal

protides 31 g

glucides 29 g

lipides 2 g

MIJOTÉ DE LIEU À L'ESPAGNOLE

INGRÉDIENTS

4 pavés de lieu
1 oignon ciselé
3 gousses d'ail hachées

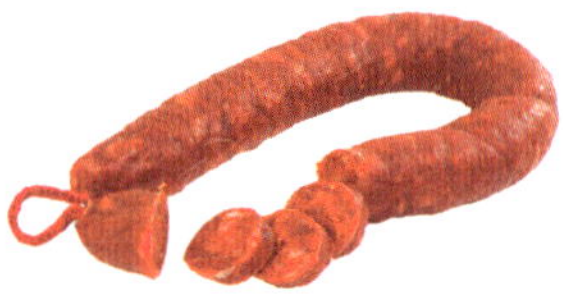

90 g de chorizo en dés

2 poivrons rouges en dés

1 citron (le zeste + le jus)
1 c. à soupe d'huile d'olive
20 cl de vin blanc

400 g de concassé de tomates
3 brins de basilic
100 g d'olives noires

4 PERSONNES

15 MIN · 10 MIN

€

TOUR DU MONDE

EXPRESS

IG BAS

1. Faites revenir l'oignon avec l'huile d'olive le temps du préchauffage dans la cuve du Cookeo en **mode dorer**. Ajoutez le chorizo, l'ail et le zeste du citron. Poursuivez la cuisson 1 min.

2. Versez le vin, puis laissez-le s'évaporer quelques instants. Ajoutez le concassé de tomates, le lieu, le basilic haché et les poivrons. Salez et poivrez. Lancez le **mode cuisson sous pression** pour 6 min. Ajoutez les olives et servez avec un trait de jus de citron.

365 kcal

protides
25 g
glucides
9 g
lipides
20 g

Moulinex

CURRY VERT
DE LIEU

4 PERSONNES

10 MIN 10 MIN

€

EXPRESS

TOUR DU MONDE

SANS GLUTEN

INGRÉDIENTS

2 c. à soupe de pâte de curry vert

600 g de pavés de lieu

2 carottes coupées en biseaux

1 c. à soupe d'huile de tournesol

250 g de pois gourmands

30 cl de bouillon de légumes

40 cl de lait de coco

Le zeste de 1 citron vert

1 poignée de copeaux de noix de coco

1. Faites revenir la pâte de curry avec l'huile de tournesol le temps du préchauffage dans la cuve du Cookeo en **mode dorer**.

2. Ajoutez les pois gourmands, les carottes, le lieu et le bouillon. Lancez le **mode cuisson sous pression** pour 3 min.

3. Ajoutez le lait de coco, salez, poivrez et lancez le **mode mijoter** pour 5 min. Incorporez le zeste du citron et les copeaux de noix de coco. Servez avec du riz.

Astuce : *pour changer d'un riz blanc traditionnel, pourquoi ne pas essayer une variété plus complète et plus saine, comme un riz rouge de Camargue ?*

375 kcal

protides
27 g
glucides
9 g
lipides
25 g

TABOULÉ TOUT VERT
AU SAUMON ET AUX FÈVES

WOK DE LÉGUMES DE PRINTEMPS AU SAUMON

INGRÉDIENTS

300 g de semoule

500 g de pavé de saumon en gros dés

100 g de fèves écossées

2 c. à soupe d'huile d'olive

20 feuilles de menthe ciselées

1 bouquet de persil ciselé

Le jus de 1 citron

TABOULÉ TOUT VERT AU SAUMON ET AUX FÈVES

4 PERSONNES

15 MIN – 5 MIN – 1 H

€€

TOUR DU MONDE

RECETTE WAOUH

1. Mettez la semoule, le poisson et les fèves dans la cuve du Cookeo, couvrez d'eau à hauteur et assaisonnez. Lancez le **mode cuisson sous pression** pour 5 min.

2. Mélangez bien, versez l'huile d'olive et laissez refroidir au moins 1 h. Servez frais, mélangé aux herbes ciselées et arrosé de jus de citron.

Astuce : *si ce n'est pas la saison des fèves, vous pouvez tout de même en trouver toute l'année au rayon des légumes surgelés.*

491 kcal

protides 27 g

glucides 63 g

lipides 35 g

WOK DE LÉGUMES DE PRINTEMPS AU SAUMON

4 PERSONNES

15 MIN 10 MIN

€€

EXPRESS

TOUR DU MONDE

SANS GLUTEN

1. Faites chauffer l'huile dans la cuve du Cookeo en **mode dorer**. Faites-y revenir le saumon et les oignons 5 min.

2. Ajoutez les petits pois, les carottes, assaisonnez et prolongez la cuisson de 5 min en remuant régulièrement.

3. Ajoutez les épinards et faites-les revenir quelques instants. Servez chaud.

382 kcal

protides
35 g
glucides
8 g
lipides
112 g

INGRÉDIENTS

4 pavés de saumon en gros dés

4 oignons nouveaux émincés

4 carottes en bâtonnets

1 c. à soupe d'huile d'olive

200 g de petits pois frais écossés

600 g de pousses d'épinards

SAUMON LAQUÉ AU CURCUMA

INGRÉDIENTS

600 g de dos de saumon

1 c. à café de curcuma en poudre

2 c. à soupe d'huile d'olive

3 c. à soupe de sauce soja sucrée

1 c. à café de gingembre en poudre

1 échalote

400 g de pousses d'épinards

40 cl de lait de coco

4 PERSONNES

10 MIN 10 MIN 12 MIN

€€

RECETTE WAOUH

1. Dans un bol, mélangez 1 c. à soupe d'huile d'olive, la sauce soja, le curcuma, le gingembre et une pincée de sel et de poivre. Mettez le saumon à mariner dans cette préparation pour 10 min.

2. Faites revenir l'échalote le temps du préchauffage avec l'huile restante dans la cuve du Cookeo en **mode dorer**. Ajoutez les épinards et faites-les revenir quelques instants. Assaisonnez, puis ajoutez le lait de coco. Laissez mijoter quelques minutes puis réservez hors de la cuve.

3. Versez 20 cl d'eau dans la cuve du Cookeo et placez le saumon dans le panier vapeur. Lancez le **mode cuisson sous pression** pour 6 min. Servez avec les épinards.

534 kcal

protides 36 g
glucides 6 g
lipides 40 g

PAPILLOTES DE SAUMON AUX POIREAUX

INGRÉDIENTS

4 pavés de saumon

300 g de blanc de poireau émincé finement

4 c. à soupe de crème épaisse

Baies roses

4 PERSONNES

10 MIN | 5 MIN

€€

EXPRESS

SANS GLUTEN

IG BAS

1. Répartissez le poireau au centre de 4 carrés de papier sulfurisé de 30 cm de côté, puis placez 1 pavé de saumon sur chacun d'eux. Ajoutez la crème, salez et parsemez de baies roses écrasées. Refermez le papier de chaque papillote en portefeuille, puis repliez les extrémités sur elles-mêmes.

2. Versez 20 cl d'eau dans la cuve du Cookeo. Déposez les papillotes dans le panier vapeur. Lancez le **mode cuisson sous pression** pour 5 min. Servez sans attendre.

Astuce : si vous en trouvez, remplacez les blancs de poireaux par des poireaux crayons. Vous pourrez les mettre entiers dans les papillotes, car même leur vert est très tendre.

345 kcal

protides
32 g
glucides
5 g
lipides
22 g

ENTS

400 g de tagliatelles sèches

4 pavés de saumon sans peau en cubes

4 tranches de saumon fumé

1 brocoli coupé en fleurettes

100 g de pousses d'épinards

2 c. à soupe de fumet de poisson

10 cl de crème légère épaisse

5 brins d'aneth hachés

1 citron

ONE POT PASTA AUX DEUX SAUMONS

4 PERSONNES

10 MIN · 5 MIN

€€

EXPRESS

GRAND CLASSIQUE

1. Placez dans la cuve du Cookeo les pâtes, les fleurettes de brocoli et les épinards. Couvrez de 70 cl d'eau. Ajoutez le fumet de poisson et le poisson. Salez et poivrez. Lancez le **mode cuisson sous pression** pour la moitié du temps de cuisson indiqué sur le paquet des pâtes.

2. Retirez deux louchées de liquide de cuisson, puis incorporez la crème, le saumon fumé en morceaux et l'aneth. Mélangez bien et servez avec des quartiers de citron.

667 kcal

protides 50 g
glucides 66 g
lipides 22 g

PARMENTIER DE SAUMON AUX HERBES

INGRÉDIENTS

800 g de pavé de saumon sans peau et sans arêtes

5 brins d'aneth hachés

5 brins d'estragon hachés

800 g de pommes de terre à purée en morceaux

20 g de beurre

50 g de comté râpé

4 PERSONNES

15 MIN — 20 MIN

€€

GRAND CLASSIQUE

RECETTE WAOUH

SANS GLUTEN

1. Placez les pommes de terre dans la cuve du Cookeo et versez 20 cl d'eau. Lancez le **mode cuisson sous pression** pour 8 min. Réservez-les hors de la cuve.

2. Versez de nouveau 20 cl d'eau dans la cuve du Cookeo. Placez le saumon bien assaisonné dans le panier vapeur. Lancez le **mode cuisson sous pression** pour 6 min.

3. Écrasez les pommes de terre en incorporant le beurre, du sel et du poivre. Émiettez le poisson encore tiède et mélangez-le avec les herbes hachées.

4. Répartissez le saumon dans un plat à gratin, couvrez de l'écrasé de pommes de terre, puis parsemez de comté. Enfournez pour 5 min sous le gril du four.

Astuce : *pour un plat encore plus light, remplacez le comté par de la chapelure. Vous obtiendrez un effet gratiné sans les calories du fromage !*

659 kcal

protides
48 g
glucides
34 g
lipides
35 g

IENTS

400 g de pâtes courtes de votre choix (type penne)

420 g de thon au naturel en conserve

600 g de concassé de tomates

1 c. à café d'origan séché ou quelques feuilles d'origan frais

120 g d'olives noires dénoyautées

1 filet d'huile d'olive

Quelques feuilles de basilic

PÂTES AU THON, TOMATES ET OLIVES

4 PERSONNES

5 MIN 5 MIN

€

EXPRESS

1. Versez tous les ingrédients, sauf le basilic, dans la cuve du Cookeo. Salez, poivrez et ajoutez 50 cl d'eau. Lancez le **mode cuisson sous pression** pour la moitié du temps de cuisson indiqué sur le paquet des pâtes.

2. Servez avec le basilic.

617 kcal

protides
49 g
glucides
65 g
lipides
16 g

INGRÉDIENTS

4 steaks de thon

500 g de brocoli, de chou-fleur et/ou de chou romanesco coupés en fleurettes

1 c. à soupe de graines de sésame

1 c. à soupe d'huile de sésame

1 c. à soupe de sauce soja sucrée

TATAKI DE THON ET BROCOLI AU SÉSAME

4 PERSONNES

10 MIN 16 MIN

€€

EXPRESS

TOUR DU MONDE

1. Faites chauffer l'huile de sésame dans la cuve du Cookeo en **mode dorer**. Faites-y revenir les fleurettes et les graines de sésame 5 min.

2. Ajoutez 10 cl d'eau et la sauce soja. Lancez le **mode mijoter** pour 10 min. Réservez.

3. Sans laver la cuve, passez en **mode dorer** et faites griller le thon 30 s par face. Servez le poisson en tranches avec les choux au sésame.

256 kcal

protides
45 g
glucides
3 g
lipides
85 g

LONGE DE THON
EN PAPILLOTES

INGRÉDIENTS

4 morceaux de longe de thon

2 oignons en morceaux

2 gousses d'ail

10 cl de vin blanc

8 c. à soupe de sauce tomate

2 tomates coupées en 4 tranches chacune

4 pincées d'herbes de Provence

Huile d'olive

4 PERSONNES

15 MIN — 5 MIN

€€

EXPRESS

SANS GLUTEN

GRAND CLASSIQUE

1. Mixez les oignons et l'ail avec le vin et la sauce tomate.

2. Découpez 8 feuilles de papier sulfurisé et superposez-les deux par deux. Déposez-y les morceaux de thon et enduisez-les généreusement de sauce. Recouvrez-les de 2 tranches de tomate, assaisonnez, saupoudrez d'herbes et versez un filet d'huile d'olive. Refermez le papier en portefeuille, puis repliez les extrémités sur elles-mêmes.

3. Versez 25 cl d'eau dans la cuve du Cookeo. Déposez les papillotes dans le panier vapeur. Lancez le **mode cuisson sous pression** pour 5 min.

Idée : pour plus de couleur, n'hésitez pas à choisir des tomates de différentes variétés.

358 kcal

protides
44 g

glucides
8 g

lipides
14 g

INGRÉDIENTS

200 g de riz basmati

200 g de haddock en dés

150 g de petits pois surgelés

4 œufs

2 oignons nouveaux

3 tomates

1 c. à soupe d'huile d'olive

1 c. à café de curcuma en poudre

1 bâton de cannelle

4 brins de coriandre

RIZ SAUTÉ AU HADDOCK, PETITS POIS ET ŒUFS

4 PERSONNES

10 MIN 10 MIN

€€

EXPRESS

SANS GLUTEN

TOUR DU MONDE

1. Faites revenir les oignons avec l'huile d'olive le temps du préchauffage dans la cuve du Cookeo en **mode dorer**.

2. Ajoutez les épices, les tomates, le riz, les petits pois, puis mélangez bien. Couvrez d'eau et assaisonnez. Rincez les œufs et déposez-les dans le Cookeo. Lancez le **mode cuisson sous pression** pour 6 min.

3. Retirez les œufs et écalez-les. Ajoutez le haddock en dés et la coriandre hachée, puis passez en **mode dorer** pour 3 min.

4. Servez avec les œufs coupés en quartiers.

370 kcal

protides
25 g

glucides
45 g

lipides
9 g

LOTTE
AU CURRY VERT

INGRÉDIENTS

750 g de queue de lotte en gros morceaux

1 c. à soupe de pâte de curry vert thaï

2 échalotes hachées

300 g de légumes au choix (pois gourmands, brocoli, mini-épis de maïs...)

1 c. à soupe d'huile de tournesol

1 c. à soupe d'huile de sésame

2 c. à café de cassonade

1 c. à soupe de nuoc-mâm

40 cl de lait de coco

4 PERSONNES

15 MIN 13 MIN

€€€

EXPRESS

RECETTE WAOUH

TOUR DU MONDE

1. Faites chauffer les deux huiles dans la cuve du Cookeo en **mode dorer**. Faites-y revenir les échalotes 2 min avec la pâte de curry, en remuant sans cesse.

2. Ajoutez la cassonade, le nuoc-mâm, les légumes, puis les morceaux de poisson. Lancez le **mode cuisson sous pression** pour 1 min.

3. Ajoutez le lait de coco et lancez le **mode mijoter** pour 10 min.

423 kcal

protides
32 g
glucides
14 g
lipides
26 g

FILETS DE ROUGETS ET ASPERGES

4 PERSONNES

15 MIN 10 MIN 9 MIN

€€

RECETTE WAOUH

SANS GLUTEN

INGRÉDIENTS

8 filets de rougets

1 botte d'asperges vertes

1 citron (les zestes + le jus)

1 c. à soupe d'huile d'olive

8 brins de persil hachés

500 g de pommes de terre grenaille coupées en 2

1 oignon rouge nouveau ciselé

3 c. à soupe de câpres

1. Faites mariner 10 min les filets de rougets dans l'huile d'olive, les zestes de citron et le persil haché.

2. Émincez les tiges des asperges. Tranchez finement les pointes dans la longueur.

3. Versez 20 cl d'eau dans la cuve du Cookeo. Placez les pommes de terre et les tiges d'asperges émincées dans le panier vapeur. Lancez le **mode cuisson sous pression** pour 6 min. Réservez.

4. Versez 20 cl d'eau dans la cuve du Cookeo. Placez les filets de rouget dans le panier vapeur. Lancez le **mode cuisson sous pression** pour 3 min.

5. Mélangez l'oignon avec les câpres, les pommes de terre tièdes et les asperges crues et cuites. Salez et poivrez. Servez avec les rougets et un trait de jus de citron.

480 kcal

protides
42 g
glucides
25 g
lipides
22 g

PAPILLOTES DE MAQUEREAU À LA TAPENADE

INGRÉDIENTS

4 petits maquereaux désarêtés

4 c. à café de tapenade noire

200 g de tomates cerises coupées en 2

1 c. à café d'huile d'olive

1 branche de basilic

½ citron

2 c. à soupe de câpres

2 c. à soupe d'olives noires

4 PAPILLOTES

10 MIN 5 MIN

€

EXPRESS

IG BAS

SANS GLUTEN

1. Répartissez les tomates au centre de 4 carrés de papier sulfurisé de 30 cm de côté. Ajoutez 1 maquereau sur chacun d'eux, enduisez-les de 1 c. à café de tapenade chacun et parsemez de quelques feuilles de basilic. Ajoutez ½ c. à soupe de câpres et ½ c. à soupe d'olives noires par papillote puis arrosez d'un filet d'huile d'olive. Refermez le papier de chaque papillote en portefeuille, puis repliez les extrémités sur elles-mêmes.

2. Versez 20 cl d'eau dans la cuve du Cookeo. Déposez les papillotes dans le panier vapeur. Lancez le **mode cuisson sous pression** pour 5 min. Servez sans attendre.

382 kcal

protides 28 g
glucides 3 g
lipides 28 g

SALADE DE POMMES DE TERRE AUX SARDINES

4 PERSONNES

15 MIN · 6 MIN

€

EXPRESS

SANS GLUTEN

INGRÉDIENTS

800 g de pommes de terre en gros morceaux

2 boîtes de sardines au naturel

120 g d'olives noires dénoyautées

3 branches de céleri

2 oignons nouveaux

4 brins d'aneth

100 g de roquette

2 c. à soupe de câpres

2 c. à soupe d'huile d'olive

1. Placez les pommes de terre et le céleri dans le panier vapeur. Versez 20 cl d'eau dans la cuve du Cookeo et insérez le panier vapeur. Lancez le **mode cuisson sous pression** pour 6 min.

2. Égouttez les légumes, puis mélangez-les avec les sardines, les oignons, les olives, l'aneth, la roquette et les câpres. Salez, poivrez et arrosez d'huile d'olive. Servez tiède ou froid.

524 kcal

protides 30 g

glucides 35 g

lipides 28 g

INGRÉDIENTS

400 g de pâtes longues

2 boîtes de sardines

4 gousses d'ail hachées

40 cl de sauce tomate

250 g de tomates cerises multicolores coupées en 2

½ fenouil émincé

1 filet d'huile d'olive

1 cube de bouillon de légumes

3 cébettes émincées

PÂTES AUX SARDINES, AIL ET TOMATES

4 PERSONNES

10 MIN **7 MIN**

€

EXPRESS

1. Faites revenir le fenouil et l'ail avec l'huile chaude dans la cuve du Cookeo pendant 3 min en **mode dorer**.

2. Ajoutez les pâtes et versez la sauce tomate. Complétez avec 30 cl d'eau et le cube de bouillon émietté. Salez, poivrez et lancez le **mode cuisson sous pression** pour la moitié du temps de cuisson indiqué sur le paquet des pâtes.

3. Ajoutez les sardines émiettées, les tomates et les cébettes dans la cuve. Mélangez bien en **mode maintien au chaud** pendant 2 min puis servez.

629 kcal

protides
41 g
glucides
79 g
lipides
16 g

INGRÉDIENTS

200 g de quinoa

30 cl de concassé (ou coulis) de tomates

500 g de filet de truite sans peau ni arêtes

3 gousses d'ail

1 échalote

1 c. à café de cumin moulu

1 c. à café de paprika

1 c. à soupe d'huile d'olive

20 cl de bouillon de légumes

100 g de pousses d'épinards

80 g d'olives vertes dénoyautées

Quelques feuilles de coriandre hachées

ONE POT QUINOA, TOMATES ET TRUITE

4 PERSONNES

10 MIN 7 MIN

€

EXPRESS

SANS GLUTEN

1. Faites revenir l'ail et l'échalote 1 min avec les épices et l'huile chaude dans la cuve du Cookeo en **mode dorer**.

2. Ajoutez le quinoa et mélangez bien. Versez le bouillon, le concassé de tomates, les épinards, salez et placez le poisson par-dessus. Lancez le **mode cuisson sous pression** pour 6 min.

3. Ajoutez les olives et la coriandre juste avant de servir.

474 kcal

protides
36 g

glucides
40 g

lipides
17 g

DAURADE AUX AGRUMES
ET FENOUIL GRILLÉ

NOUILLES SAUTÉES
AUX CREVETTES

DAURADE AUX AGRUMES ET FENOUIL GRILLÉ

INGRÉDIENTS

4 filets de daurade

4 mandarines
(ou oranges selon la saison)

2 fenouils émincés

1 c. à café de graines d'anis écrasées

1 c. à soupe d'huile d'olive

2 c. à soupe de câpres

2 brins d'aneth

2 brins d'estragon

4 PERSONNES

15 MIN · 10 MIN

€€

EXPRESS

SANS GLUTEN

IG BAS

1. Faites revenir les fenouils 5 min avec l'huile dans la cuve du Cookeo en **mode dorer**. Ajoutez les graines d'anis et le jus de 2 mandarines. Assaisonnez et réservez.

2. Versez 20 cl d'eau dans la cuve du Cookeo. Placez les filets de daurade dans le panier vapeur et assaisonnez-les. Lancez le **mode cuisson sous pression** pour 3 min.

3. Mélangez les fenouils grillés avec les quartiers des mandarines restantes, les câpres, l'aneth et l'estragon. Servez avec les filets de daurade.

271 kcal

protides
33 g
glucides
13 g
lipides
14 g

NOUILLES SAUTÉES AUX CREVETTES

4 PERSONNES

15 MIN 5 MIN

€€

EXPRESS

TOUR DU MONDE

1. Faites revenir l'ail avec l'huile le temps du préchauffage dans la cuve du Cookeo en **mode dorer**. Ajoutez les carottes, les crevettes et les brocolis. Poursuivez la cuisson 1 min.

2. Dans un bol, mélangez la sauce sriracha, la sauce soja et le sirop d'agave. Ajoutez 5 cl d'eau et versez le tout dans la cuve du Cookeo. Lancez le **mode cuisson sous pression** pour 2 min.

3. Pendant ce temps, faites cuire les nouilles de riz selon les indications du paquet.

4. Ajoutez les nouilles de riz dans la cuve et mélangez bien. Parsemez de noix de cajou concassées avant de servir.

341 kcal

protides
23 g
glucides
45 g
lipides
7 g

INGRÉDIENTS

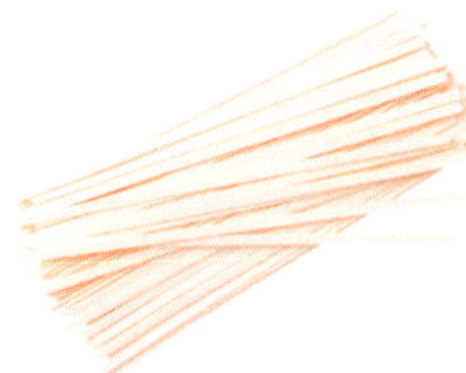

150 g de nouilles de riz plates

300 g de crevettes décortiquées

3 c. à soupe de noix de cajou concassées

2 carottes en bâtonnets

1 gousse d'ail hachée

1 c. à soupe d'huile d'olive

200 g de brocolis coupés en fleurettes

1 c. à soupe de sauce sriracha (ou ½ c. à café de Tabasco®)

4 c. à soupe de sauce soja

2 c. à soupe de sirop d'agave

1 citron vert

1 c. à café de graines de sésame

IENTS

400 g de crevettes décortiquées

400 g de champignons de Paris coupés en 2

400 g de tomates cerises coupées en 2

1 c. à café de pâte de curry rouge

1 c. à soupe d'huile de coco

30 cl de lait de coco

1 bouquet de coriandre ciselé

1 citron vert

CURRY DE CREVETTES AUX LÉGUMES

4 PERSONNES

10 MIN 11 MIN

€€

EXPRESS

TOUR DU MONDE

SANS GLUTEN

IG BAS

1. Faites revenir les champignons et les tomates 4 min avec la pâte de curry et l'huile dans la cuve du Cookeo en **mode dorer**.

2. Versez 15 cl d'eau et lancez le **mode cuisson sous pression** pour 4 min.

3. Ajoutez les crevettes et versez le lait de coco. Faites revenir le tout 3 min en **mode dorer**, en mélangeant sans cesse.

4. Servez avec la coriandre ciselée et des quartiers de citron vert.

307 kcal

protides
26 g
glucides
9 g
lipides
116 g

CREVETTES GRILLÉES ET PURÉE DE POIS CASSÉS

INGRÉDIENTS

400 g de grosses crevettes décortiquées

4 gousses d'ail hachées

1 piment long rouge émincé

300 g de pois cassés

1 carotte en morceaux
1 branche de thym
½ bouquet de persil haché
1 c. à soupe d'huile d'olive

15 cl de vin blanc sec

4 PERSONNES

15 MIN · 1 NUIT
10 MIN · 25 MIN
€€

RECETTE WAOUH
TOUR DU MONDE
SANS GLUTEN

1. La veille, faites tremper les pois cassés dans un grand bol d'eau froide.

2. Le jour même, placez les pois cassés dans la cuve du Cookeo avec deux fois leur volume d'eau, la carotte et le thym. Lancez le **mode cuisson sous pression** pour 20 min.

3. Placez le persil, l'ail et le piment dans un bol avec l'huile d'olive, du sel et du poivre. Faites-y mariner les crevettes 10 min.

4. À l'aide d'un mixeur plongeant, mixez les pois cassés jusqu'à obtenir une purée lisse. Réservez hors de la cuve.

5. Faites revenir les crevettes 5 min dans la cuve du Cookeo en **mode dorer**. Versez le vin blanc et laissez réduire. Servez avec la purée de pois cassés.

449 kcal

protides
40 g
glucides
47 g
lipides
6 g

CREVETTES CRÉMEUSES À L'ESTRAGON

INGRÉDIENTS

600 g de crevettes décortiquées

2 c. à soupe d'huile d'olive

20 cl de crème liquide allégée

6 brins d'estragon hachés

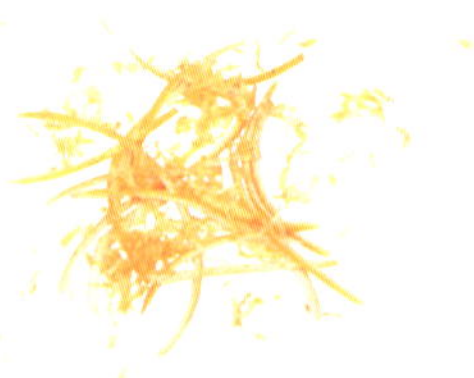

Le zeste de 1 citron

200 g de riz

3 gousses d'ail hachées

1 échalote ciselée

30 g de tomates séchées en dés

4 PERSONNES

10 MIN · 12 MIN

€€

EXPRESS

RECETTE WAOUH

SANS GLUTEN

1. Faites revenir le zeste du citron 2 min environ avec 1 c. à soupe d'huile d'olive dans la cuve du Cookeo en **mode dorer**. Versez le riz et lancez le programme préenregistré pour la cuisson du riz. Réservez hors de la cuve.

2. Faites revenir l'ail et l'échalote 1 min avec l'huile d'olive restante dans la cuve du Cookeo en **mode dorer**.

3. Ajoutez les crevettes, l'estragon et les tomates. Salez et poivrez. Faites revenir rapidement, puis versez la crème et laissez réduire 3 min. Servez avec le riz.

384 kcal

protides 38 g

glucides 47 g

lipides 5 g

INGRÉDIENTS

1,5 l de moules nettoyées

2 tiges de citronnelle en tronçons

400 g de patates douces en cubes

100 g de champignons de Paris coupés en 4

1 c. à soupe d'huile d'olive

30 cl de vin blanc sec

1 petit piment vert long émincé

6 brins de coriandre

MOULES À LA CITRONNELLE ET PATATES DOUCES

4 PERSONNES

15 MIN – 9 MIN

€

EXPRESS

RECETTE WAOUH

SANS GLUTEN

IG BAS

1. Faites revenir les patates douces, les champignons et la citronnelle 5 min avec l'huile chaude dans la cuve du Cookeo en **mode dorer**. Salez et poivrez.

2. Ajoutez les moules et versez le vin blanc. Lancez le **mode cuisson sous pression** pour 4 min. Servez avec le piment vert et la coriandre.

350 kcal

protides 32 g

glucides 25 g

lipides 7 g

COCOTTE DE MOULES AU FENOUIL ET CURRY

4 PERSONNES

10 MIN 11 MIN

€

EXPRESS

SANS GLUTEN

IG BAS

INGRÉDIENTS

1,5 l de moules nettoyées

1 fenouil émincé

1 c. à soupe de curry en poudre

20 g de gingembre haché

1 tige de citronnelle en tronçons

1 c. à café de graines d'anis

1 c. à soupe d'huile d'olive

30 cl de vin blanc

40 cl de lait de coco

Quelques brins de basilic thaï ou de coriandre hachés

1. Faites revenir le gingembre, les graines d'anis et la citronnelle 2 min avec l'huile chaude dans la cuve du Cookeo en **mode dorer**.

2. Incorporez le fenouil et le curry. Salez, poivrez et mélangez bien. Ajoutez les moules et versez le vin. Lancez le **mode cuisson sous pression** pour 4 min.

3. Versez le lait de coco et passez en **mode mijoter** pour 5 min. Servez avec les herbes hachées.

478 kcal

protides
29 g
glucides
14 g
lipides
28 g

POULPE À LA PROVENÇALE

INGRÉDIENTS

400 g de poulpe tranché

3 gousses d'ail hachées

2 poivrons rouges émincés
1 c. à soupe d'huile d'olive

1 c. à soupe de concentré de tomates

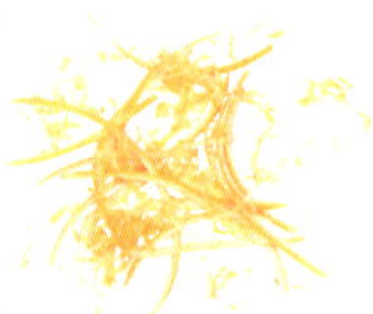

Les zestes de 1 citron

1 c. à café de thym
2 feuilles de laurier
30 cl de vin blanc
4 brins de basilic

4 PERSONNES

10 MIN · 9 MIN

€€€

EXPRESS

SANS GLUTEN

IG BAS

1. Faites revenir l'ail et les poivrons 4 min avec l'huile chaude dans la cuve du Cookeo en **mode dorer**.

2. Ajoutez le concentré de tomates, les zestes de citron, les aromates et le poulpe. Salez, poivrez et versez le vin blanc. Lancez le **mode cuisson sous pression** pour 5 min.

3. Parsemez de basilic au moment de servir.

Idée : servez avec une polenta crémeuse (voir étape 3 de la recette du poulet braisé, tomates, olives et polenta, p. 64).

165 kcal

protides
14 g
glucides
7 g
lipides
3 g

INGRÉDIENTS

400 g de calamars en morceaux

2 gousses d'ail hachées

50 cl de coulis de tomates

300 g de pommes de terre en morceaux

1 oignon ciselé

100 g de lardons

1 branche de thym

2 feuilles de laurier

POÊLÉE DE CALAMARS AUX TOMATES ET POMMES DE TERRE

4 PERSONNES

10 MIN 12 MIN

€€

EXPRESS

SANS GLUTEN

RECETTE WAOUH

1. Faites revenir les lardons et l'oignon 2 min sans matière grasse dans la cuve du Cookeo en **mode dorer**.

2. Ajoutez l'ail et les calamars. Poursuivez la cuisson 1 min.

3. Versez le coulis de tomates, les herbes et les pommes de terre. Salez et poivrez. Lancez le **mode cuisson sous pression** pour 8 min.

302 kcal

protides 21 g

glucides 30 g

lipides 9 g

POÊLÉE DE SAINT-JACQUES AUX POIVRONS

INGRÉDIENTS

400 g de saint-jacques

3 poivrons en lamelles

1 oignon rouge émincé
2 c. à soupe d'huile d'olive

1 c. à café de piment d'Espelette en poudre

200 g de tomates concassées

4 PERSONNES

15 MIN · 20 MIN

€€€

SANS GLUTEN

IG BAS

RECETTE WAOUH

1. Faites chauffer la moitié de l'huile d'olive dans la cuve du Cookeo en **mode dorer**. Faites-y revenir l'oignon 2 min, puis ajoutez les poivrons et poursuivez la cuisson 3 min.

2. Ajoutez le piment, les tomates et 15 cl d'eau. Lancez le **mode mijoter** pour 10 min. Réservez.

3. Faites griller les saint-jacques 5 min avec l'huile restante dans la cuve du Cookeo sans la rincer en **mode dorer**. Servez avec les poivrons.

174 kcal

protides
19 g
glucides
8 g
lipides
81 g

PLATS VÉGÉTARIENS & ACCOMPAGNEMENTS

INGRÉDIENTS

1 gros potimarron en morceaux

100 g de châtaignes (en conserve, sous vide ou surgelées) + quelques brisures

1 oignon en morceaux

30 g de graines de courge

Cerfeuil (facultatif)

4 tranches de pain complet coupées en petits dés

1 c. à soupe d'huile d'olive

SOUPE DE POTIMARRON AUX CHÂTAIGNES

4 PERSONNES

15 MIN 8 MIN

€€

EXPRESS

RECETTE WAOUH

1. Mettez le potimarron, l'oignon et les châtaignes dans la cuve du Cookeo. Salez, poivrez et couvrez d'eau à hauteur. Lancez le **mode cuisson sous pression** pour 8 min.

2. Mixez le tout jusqu'à obtenir une texture crémeuse.

3. Faites revenir le pain 3 min avec l'huile d'olive dans la cuve du Cookeo rincée en **mode dorer**, en mélangeant fréquemment.

4. Ajoutez les graines de courge et prolongez la cuisson de 1 min.

5. Servez la soupe bien chaude, parsemée des croûtons, des graines de courge, de cerfeuil ainsi que de quelques brisures de châtaignes.

107 kcal

protides
3 g
glucides
19 g
lipides
119 g

SOUPE DE LÉGUMES SECS AU FENOUIL

INGRÉDIENTS

150 g de légumes secs variés (lentilles, pois cassés, haricots, pois chiches, etc.)

50 g d'orge ou d'épeautre

1 fenouil en dés

2 carottes en dés

2 échalotes en dés

2 c. à soupe de concentré de tomates

90 cl de bouillon de légumes

Quelques brins de persil ciselés

4 PERSONNES

15 MIN · 12 H · 30 MIN

€€

GRAND CLASSIQUE

IG BAS

1. La veille, faites tremper les légumes secs dans un grand saladier rempli d'eau.

2. Le jour même, mettez les légumes secs égouttés, l'épeautre et le bouillon dans la cuve. Lancez le **mode cuisson sous pression** pour 25 min.

3. Ajoutez les légumes et prolongez la cuisson de 5 min. Servez parsemé de persil ciselé.

261 kcal

protides
13 g
glucides
34 g
lipides
124 g

INGRÉDIENTS

1,5 kg environ de légumes d'été mélangés de votre choix en petits morceaux

1 oignon haché

5 c. à soupe d'huile d'olive

1 bouquet de basilic effeuillé

4 gousses d'ail hachées

50 g de pignons de pin

SOUPE AU PISTOU

4 PERSONNES

20 MIN **12 MIN**

€€

GRAND CLASSIQUE

IG BAS

SANS GLUTEN

1. Faites chauffer 3 c. à soupe d'huile d'olive dans la cuve du Cookeo en **mode dorer**. Faites-y suer l'oignon 2 min.

2. Ajoutez les légumes. Couvrez d'eau aux deux tiers et salez. Lancez le **mode cuisson sous pression** pour 10 min.

3. Pendant la cuisson, préparez le pistou. Mixez le basilic avec l'ail, les pignons et l'huile d'olive restante, puis ajustez la consistance avec un peu d'eau. Servez la soupe avec 1 c. à soupe de pistou par assiette.

767 kcal

protides
24 g
glucides
34 g
lipides
55 g

VELOUTÉ D'ÉPINARDS ET COURGETTES

INGRÉDIENTS

200 g de pousses d'épinards

2 courgettes en morceaux

1 pomme de terre en morceaux

1 échalote émincée

250 g de pain rassis en tranches

1 gousse d'ail

Quelques brins de persil hachés

100 g de fromage frais allégé

1 filet d'huile d'olive

4 PERSONNES

15 MIN — 11 MIN

€

EXPRESS

GRAND CLASSIQUE

1. Placez les épinards, les courgettes, la pomme de terre et l'échalote dans la cuve du Cookeo, puis couvrez d'eau à hauteur. Salez et poivrez. Lancez le **mode cuisson sous pression** pour 8 min.

2. Mixez finement les légumes cuits avec le fromage frais jusqu'à obtenir une texture crémeuse.

3. Frottez les tranches de pain avec l'ail. Faites-les revenir 3 min avec l'huile d'olive dans la cuve du Cookeo en **mode dorer**, en mélangeant fréquemment. Ajoutez le persil et mélangez bien. Servez la soupe avec les croûtons.

305 kcal

protides
14 g
glucides
47 g
lipides
6 g

MINESTRONE AUX LÉGUMES VERTS

4 PERSONNES

15 MIN · 4 MIN

€

EXPRESS

TOUR DU MONDE

INGRÉDIENTS

200 g de haricots blancs égouttés

2 branches de céleri émincées

100 g de haricots verts en tronçons

2 pak-choï (ou blettes)

80 g de petites pâtes

1 cube de bouillon de légumes

200 g de petits pois écossés

2 c. à soupe d'huile d'olive

100 g de pousses d'épinards

1. Placez les haricots et le céleri dans la cuve du Cookeo. Ajoutez les feuilles de pak-choï entières, les pâtes, les petits pois, le cube de bouillon émietté et 1 pincée de poivre. Versez 80 cl d'eau. Lancez le **mode cuisson sous pression** pour 4 min.

2. Récupérez une louchée de bouillon, puis mixez-la avec les épinards et l'huile d'olive. Incorporez la préparation dans la soupe, mélangez et servez.

327 kcal

protides 18 g

glucides 41 g

lipides 7 g

INGRÉDIENTS

300 g de lentilles vertes rincées

3 pêches en quartiers

200 g de feta émiettée

1 échalote ciselée
2 gousses d'ail ciselées
2 c. à soupe d'huile d'olive

½ c. à café de cumin en poudre

Le jus de 2 citrons
Quelques brins de menthe hachés

SALADE DE LENTILLES, PÊCHES GRILLÉES ET FETA

4 PERSONNES

15 MIN – 20 MIN

€

RECETTE WAOUH

SANS GLUTEN

IG BAS

1. Faites revenir l'échalote et l'ail 3 min avec 1 c. à soupe d'huile d'olive dans la cuve du Cookeo en **mode dorer**.

2. Incorporez les lentilles. Mélangez bien, puis ajoutez le cumin, salez, poivrez et couvrez de 50 cl d'eau. Lancez le **mode cuisson sous pression** pour 13 min. Réservez hors de la cuve.

3. Faites rapidement griller les pêches de chaque côté avec le reste d'huile dans la cuve du Cookeo en **mode dorer**.

4. Mélangez les lentilles avec les pêches, la feta, la menthe et le jus des citrons. Mélangez et servez bien frais.

509 kcal

protides
29 g
glucides
47 g
lipides
18 g

INGRÉDIENTS

300 g de pâtes courtes

70 g d'olives vertes dénoyautées

250 g de haricots verts en tronçons

40 g de pignons de pin

5 brins de persil

2 c. à soupe de parmesan râpé

4 œufs

80 g d'olives noires dénoyautées

2 c. à soupe d'huile d'olive

10 brins de ciboulette

SALADE TIÈDE DE PÂTES, SAUCE AUX OLIVES

4 PERSONNES

15 MIN — 8 MIN

€

EXPRESS

RECETTE WAOUH

1. Placez les pâtes et les haricots verts dans la cuve du Cookeo. Versez 40 cl d'eau. Lancez le **mode cuisson sous pression** pour la moitié du temps de cuisson indiqué sur le paquet des pâtes.

2. Pendant ce temps, mixez finement les olives vertes avec les pignons, le persil, le parmesan et 6 c. à soupe d'eau. Réservez la sauce.

3. Débarrassez les pâtes et les haricots verts du Cookeo et égouttez-les. Versez 20 cl d'eau dans la cuve et placez les œufs dans le panier vapeur. Lancez le **mode cuisson sous pression** pour 3 min. Plongez les œufs dans un bol d'eau glacée puis retirez délicatement les coquilles.

4. Mélangez les pâtes et les haricots avec les olives noires en rondelles, l'huile, la ciboulette hachée, du sel et du poivre. Servez avec les œufs mollets et la sauce à l'olive.

605 kcal

protides
26 g
glucides
50 g
lipides
32 g

GALETTES DE POIS CHICHES ET SALADE TIÈDE DE CHOU-FLEUR

4 PERSONNES

15 MIN · 8 MIN

€

EXPRESS

RECETTE WAOUH

INGRÉDIENTS

210 g de pois chiches cuits égouttés

1 chou-fleur coupé en fleurettes

3 brins de menthe

30 g d'amandes

6 c. à soupe d'huile d'olive

2 œufs

50 g de farine

1 c. à café de cumin en poudre

20 g de graines de lin ou de sésame

1 c. à café de zaatar ou d'herbes de Provence

1. Versez 20 cl d'eau dans la cuve du Cookeo. Mettez les fleurettes de chou-fleur dans le panier vapeur. Lancez le **mode cuisson sous pression** pour 4 min. Réservez.

2. Mixez les feuilles de menthe avec les amandes et 5 c. à soupe d'huile d'olive pour obtenir un pesto.

3. Mixez les pois chiches avec les œufs. Versez la préparation dans un bol et incorporez la farine, les graines de lin, les épices, du sel et du poivre.

4. Faites chauffer un filet d'huile dans la cuve du Cookeo en **mode dorer**. Avec la pâte, formez des galettes et faites-les cuire 2 min de chaque côté.

5. Servez les galettes avec les fleurettes de chou-fleur mélangées au pesto de menthe.

Astuce : *pour rendre encore plus savoureuses ces galettes, ajoutez-y quelques herbes fraîches (ciboulette, persil, etc.).*

433 kcal
protides
20 g
glucides
26 g
lipides
24 g

INGRÉDIENTS

400 g de pois chiches cuits

2 oignons rouges émincés

1 poivron vert émincé

250 g de tomates cerises coupées en 2

2 c. à soupe d'huile d'olive

1 pincée de curcuma

1 pincée de paprika

4 pains pita

250 g de yaourt à la grecque

Menthe

Persil

PITA AUX POIS CHICHES ET LÉGUMES GRILLÉS

4 PERSONNES

15 MIN 4 MIN

€

EXPRESS

TOUR DU MONDE

1. Faites revenir les oignons 1 min avec 1 c. à soupe d'huile d'olive dans la cuve du Cookeo en **mode dorer**.

2. Ajoutez les pois chiches, le poivron vert, les épices, du sel et du poivre. Prolongez la cuisson de 2 min, puis réservez.

3. Faites griller les tomates 1 min avec l'huile restante dans la cuve du Cookeo en **mode dorer**.

4. Déposez les pains pita dans 4 assiettes et recouvrez-les de yaourt à la grecque. Répartissez les légumes et ajoutez quelques feuilles de menthe et de persil.

Astuce : optez pour des tomates multicolores !

407 kcal

protides
16 g
glucides
62 g
lipides
8 g

ROULÉS D'AUBERGINE À LA SAUCE TOMATE

INGRÉDIENTS

1 grosse aubergine en tranches de 0,5 cm

400 g de coulis de tomates

2 échalotes ciselées

300 g de champignons de Paris hachés

5 brins de persil hachés

1 c. à soupe d'huile d'olive

1 œuf

5 c. à soupe de chapelure

1 bouquet garni

4 PERSONNES

15 MIN 18 MIN

€

GRAND CLASSIQUE

IG BAS

1. Placez les aubergines dans le panier vapeur. Versez 20 cl d'eau dans la cuve du Cookeo et insérez le panier vapeur rempli. Lancez le **mode cuisson sous pression** pour 8 min.

2. Débarrassez le Cookeo et passez en **mode dorer**. Faites revenir les échalotes 2 min avec l'huile chaude.

3. Ajoutez les champignons. Versez 5 cl d'eau, salez et poivrez généreusement. Lancez le **mode cuisson sous pression** pour 5 min.

4. Pressez les champignons dans une passoire fine pour leur retirer un maximum d'eau, puis placez-les dans un grand bol. Ajoutez l'œuf, la chapelure et le persil. Garnissez les bandes d'aubergines de ce mélange en les roulant sur elles-mêmes.

5. Placez les roulés dans la cuve du Cookeo, versez le coulis de tomates, ajoutez le bouquet garni et salez. Lancez le **mode cuisson sous pression** pour 3 min.

168 kcal
protides
8 g
glucides
20 g
lipides
5 g

INGRÉDIENTS

400 g de fusilli

300 g de haricots verts

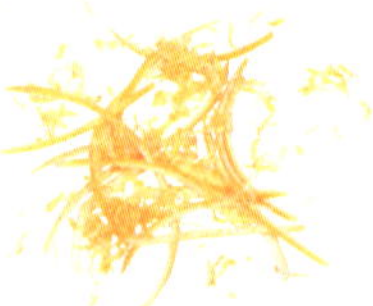

Le zeste de 1 citron

60 g de parmesan

1 échalote ciselée

1 c. à soupe d'huile d'olive

1 cube de bouillon de légumes

ONE POT PASTA AUX HARICOTS VERTS

4 PERSONNES

5 MIN — 10 MIN

€

EXPRESS

1. Faites revenir l'échalote 1 min avec l'huile d'olive dans la cuve du Cookeo en **mode dorer**. Ajoutez les haricots verts et le zeste du citron. Assaisonnez bien et poursuivez la cuisson 3 min pour faire griller le tout.

2. Ajoutez les pâtes, le cube de bouillon et versez 50 cl d'eau. Lancez le **mode cuisson sous pression** pour la moitié du temps de cuisson indiqué sur le paquet des pâtes.

3. Ajoutez la moitié du parmesan directement dans la cuve et mélangez le tout pour lier la sauce. Servez avec le parmesan restant.

461 kcal

protides 25 g

glucides 67 g

lipides 10 g

INGRÉDIENTS

250 g de lentilles corail rincées

1 aubergine en cubes

130 g de seitan en cubes

1 échalote ciselée

2 gousses d'ail hachées

1 c. à soupe d'huile d'olive

1 c. à soupe de concentré de tomates

1 c. à café d'épices tandoori

1 c. à café de cumin en poudre

20 cl de lait de coco

Coriandre fraîche

2 oignons nouveaux émincés

DHAL DE LENTILLES À L'AUBERGINE ET SEITAN

4 PERSONNES

15 MIN 12 MIN

€€

EXPRESS

TOUR DU MONDE

IG BAS

1. Faites revenir l'échalote et l'ail 2 min avec l'huile d'olive dans la cuve du Cookeo en **mode dorer**.

2. Ajoutez les lentilles, l'aubergine et le seitan. Incorporez le concentré de tomates et les épices, puis mélangez bien. Versez 40 cl d'eau, salez et poivrez. Lancez le **mode cuisson sous pression** pour 7 min.

3. Incorporez le lait de coco et lancez le **mode mijoter** pour 3 min, tout en mélangeant. Servez avec de la coriandre et les oignons émincés.

560 kcal

protides 66 g

glucides 48 g

lipides 13 g

BOURGUIGNON
VÉGÉTARIEN

COUSCOUS DE LÉGUMES

BOURGUIGNON VÉGÉTARIEN

INGRÉDIENTS

200 g de tofu en dés

300 g de champignons de Paris coupés en 4

3 carottes en rondelles épaisses

2 branches de céleri émincées

20 g de beurre

1 oignon ciselé

3 c. à soupe de fécule de maïs

35 cl de vin rouge

1 c. à soupe de concentré de tomates

2 branches de thym

3 feuilles de laurier

½ cube de bouillon de légumes

Persil

4 PERSONNES

15 MIN 22 MIN

€

RECETTE WAOUH

SANS GLUTEN

1. Faites fondre le beurre dans la cuve du Cookeo en **mode dorer**. Faites-y revenir l'oignon et le tofu 2 min.

2. Ajoutez les champignons, les carottes et le céleri. Saupoudrez de fécule de maïs et mélangez bien.

3. Ajoutez le vin, le concentré de tomates, le thym, le laurier et le cube de bouillon émietté. Assaisonnez et lancez le **mode cuisson sous pression** pour 20 min. Servez avec du persil haché.

244 kcal

protides 9 g

glucides 18 g

lipides 8 g

COUSCOUS DE LÉGUMES

485 kcal

protides
19 g
glucides
83 g
lipides
7 g

4 PERSONNES

15 MIN 15 MIN

€

EXPRESS

TOUR DU MONDE

GRAND CLASSIQUE

1. Faites revenir les pois chiches, le paprika et 1 pincée de sel 2 min avec 1 c. à soupe d'huile d'olive dans la cuve du Cookeo en **mode dorer**. Réservez.

2. Faites revenir l'oignon 2 min avec 1 c. à soupe d'huile dans la cuve du Cookeo en **mode dorer**.

3. Ajoutez les légumes, le ras el-hanout, le bouillon et couvrez d'eau aux trois quarts. Lancez le **mode cuisson sous pression** pour 10 min.

4. Faites gonfler la semoule dans de l'eau chaude en suivant les instructions du paquet, arrosez d'un filet d'huile d'olive et égrainez-là. Servez avec les légumes, les pois chiches, la harissa et la coriandre ciselée.

Astuce : *si vous souhaitez cuire la semoule au Cookeo, c'est possible. Pour cela, placez un disque de papier sulfurisé finement troué dans le panier vapeur. Versez 20 cl d'eau dans la cuve et mettez la semoule dans le panier. Lancez le mode cuisson sous pression pour 5 min.*

INGRÉDIENTS

360 g de semoule

250 g de pois chiches cuits égouttés

1 oignon émincé

1 courgette en morceaux

1 poivron rouge en morceaux

¼ de chou-fleur coupé en fleurettes

1 aubergine en morceaux

1 pincée de paprika

Huile d'olive

1 c. à soupe de ras el-hanout

1 cube de bouillon de légumes

2 c. à soupe de harissa

Quelques brins de coriandre

INGRÉDIENTS

2 aubergines en dés

1 oignon émincé

1 c. à soupe d'huile d'olive

1 c. à soupe de curry en poudre

1 pincée de curcuma

2 yaourts grecs

CURRY D'AUBERGINES

4 PERSONNES

10 MIN **9 MIN**

€

EXPRESS
TOUR DU MONDE
IG BAS
SANS GLUTEN

1. Faites chauffer l'huile d'olive dans la cuve du Cookeo en **mode dorer**. Faites-y revenir l'oignon avec le curry 2 min.

2. Ajoutez les aubergines, salez et poivrez, puis poursuivez la cuisson 2 min.

3. Versez 40 cl d'eauet lancez le **mode cuisson sous pression** pour 5 min.

4. Ajoutez les yaourts et mélangez bien.

Astuce : *servez éventuellement avec du riz basmati.*

108 kcal

protides
4 g
glucides
8 g
lipides
51 g

INGRÉDIENTS

400 g de pommes de terre grenaille coupées en 2

100 g de pousses d'épinards

3 carottes coupées en biseaux

1 oignon émincé

1 c. à soupe d'huile d'olive

1 c. à café de curry

1 pincée de curcuma

CURRY DE POMMES DE TERRE, ÉPINARDS ET CAROTTES

4 PERSONNES

10 MIN **8 MIN**

€

EXPRESS

TOUR DU MONDE

SANS GLUTEN

1. Faites revenir l'oignon 2 min avec l'huile d'olive dans la cuve du Cookeo en **mode dorer**.

2. Ajoutez les carottes, les pommes de terre, les épices et 1 pincée de sel. Versez 10 cl d'eau. Lancez le **mode cuisson sous pression** pour 6 min.

3. Ajoutez les épinards et mélangez bien avant de servir.

Idée : parsemez le curry de morceaux de noix de coco fraîche !

136 kcal

protides
4 g
glucides
25 g
lipides
1 g

POÊLÉE DE LENTILLES ET TOFU

4 PERSONNES

15 MIN 18 MIN

€

TOUR DU MONDE

IG BAS

INGRÉDIENTS

250 g de lentilles vertes

200 g de tofu (fumé ou non) en tranches

2 c. à soupe d'huile de tournesol

1 botte d'asperges vertes

1 petite tête de brocoli coupée en fleurettes

1 feuille de laurier

2 brins de thym

150 g de fèves surgelées

5 c. à soupe de sauce soja

1 c. à café de graines de sésame

1. Faites colorer le tofu 2 min de chaque côté avec l'huile chaude dans la cuve du Cookeo en **mode dorer**.

2. Émincez les tiges des asperges et coupez les têtes en deux dans la longueur.

3. Débarrassez le tofu, puis versez les lentilles dans la cuve et couvrez-les d'eau. Ajoutez le laurier, le thym et lancez le **mode cuisson sous pression** pour 10 min.

4. Ajoutez les légumes, salez, poivrez et versez 5 cl d'eau. Poursuivez la cuisson 4 min. Ajoutez le tofu et la sauce soja, saupoudrez de sésame puis servez.

Astuce : *vous pouvez remplacer le sésame par du gomasio, un condiment japonais au sésame. Il se trouve en magasins bio mais vous pouvez également le réaliser vous-même très facilement : broyez du sésame doré pour en faire une poudre grossière puis ajoutez la moitié de son poids en fleur de sel. Mélangez bien, puis placez dans un bocal hermétique pour de futures utilisations.*

409 kcal

protides
32 g
glucides
37 g
lipides
11 g

INGRÉDIENTS

280 g de haricots blancs en conserve égouttés

400 g de concassé de tomates

1 bouquet de basilic

100 g de pommes de terre râpées

1 échalote émincée

2 branches de céleri émincées

2 gousses d'ail coupées en 2

1 filet d'huile d'olive

1 c. à café de cumin en poudre

1 c. à café de paprika

½ citron confit (facultatif)

Le zeste de 1 citron

MIJOTÉ DE HARICOTS BLANCS, TOMATES ET BASILIC

4 PERSONNES

15 MIN 12 MIN

€

EXPRESS

GRAND CLASSIQUE

1. Faites revenir l'échalote et le céleri 2 min avec l'huile d'olive dans la cuve du Cookeo en **mode dorer**.

2. Ajoutez l'ail et poursuivez la cuisson 2 min.

3. Ajoutez les haricots, le concassé de tomates, les pommes de terre, les épices et éventuellement le citron confit. Assaisonnez et lancez le **mode cuisson sous pression** pour 8 min.

4. Servez le mijoté parsemé du basilic et du zeste du citron.

270 kcal

protides 16 g

glucides 39 g

lipides 2 g

INGRÉDIENTS

300 g de tofu ferme

200 g de shiitakés frais ou de pleurotes coupé(e)s en 4

2 oignons verts émincés

1 gousse d'ail hachée

2 c. à soupe d'huile de tournesol

10 g de gingembre râpé

4 c. à soupe de sauce soja

TOFU SAUTÉ AUX CHAMPIGNONS ET SAUCE SOJA

4 PERSONNES

15 MIN — 5 MIN

€€

EXPRESS

IG BAS

TOUR DU MONDE

1. Épongez le tofu dans du papier absorbant et coupez-le en cubes de 2 cm environ.

2. Faites chauffer l'huile de tournesol dans la cuve du Cookeo en **mode dorer**. Faites-y revenir les champignons et le tofu 3 min environ avec le gingembre et l'ail.

3. Ajoutez la sauce soja et 15 cl d'eau. Lancez le **mode cuisson sous pression** pour 2 min. Parsemez d'oignon et servez aussitôt.

140 kcal

protides 11 g
glucides 3 g
lipides 9 g

INGRÉDIENTS

4 courgettes

300 g de petits pois écossés

1 crottin sec de chèvre
ou 200 g de feta émietté(e)

100 g de pousses d'épinards

1 avocat
60 g de fromage blanc
1 filet d'huile d'olive

SPAGHETTIS DE COURGETTES AUX PETITS POIS

4 PERSONNES

15 MIN · 4 MIN

€

EXPRESS

IG BAS

SANS GLUTEN

1. Versez 20 cl d'eau dans la cuve du Cookeo. Placez les petits pois et les épinards dans le panier vapeur, en les séparant bien. Lancez le **mode cuisson sous pression** pour 3 min.

2. Réservez les petits pois. Récupérez les épinards et égouttez-les au maximum en les pressant entre vos mains. Placez-les dans un mixeur avec la chair de l'avocat, le fromage blanc et du sel. Mixez pour obtenir une sauce crémeuse.

3. Réalisez des spaghettis de courgettes à l'aide d'un Économe ou d'une mandoline. Faites-les revenir le temps du préchauffage avec l'huile d'olive dans la cuve du Cookeo en **mode dorer**. Assaisonnez, puis ajoutez la sauce à l'avocat et les petits pois.

4. Servez avec le chèvre ou la feta.

402 kcal

protides
17 g
glucides
7 g
lipides
32 g

Moulinex
cookeo

INGRÉDIENTS

1 petite botte de navets nouveaux

1 petite botte de carottes nouvelles

2 oignons nouveaux hachés

2 gousses d'ail hachées

200 g de tofu fumé en dés

1 pincée de de graines de sésame

2 c. à soupe d'huile de sésame

Quelques brins de persil hachés

SAUTÉ DE LÉGUMES PRIMEURS AU TOFU FUMÉ

4 PERSONNES

15 MIN · 12 MIN

€

EXPRESS

RECETTE WAOUH

SANS GLUTEN

1. Faites chauffer la moitié de l'huile de sésame dans la cuve du Cookeo en **mode dorer**. Faites-y revenir le tofu 4 min. Réservez.

2. Versez le reste de l'huile dans la cuve. Faites-y blondir l'oignon, l'ail et les légumes 5 min, toujours en **mode dorer**.

3. Ajoutez 5 cl d'eau. Lancez le **mode cuisson sous pression** pour 3 min.

4. Au moment de servir, parsemez de persil et de graines de sésame.

Variante : en fin de cuisson, ajoutez un généreux trait de sauce soja.

186 kcal

protides
7 g
glucides
9 g
lipides
56 g

INGRÉDIENTS

1 chou-fleur coupé en fleurettes

1 c. à soupe de mélange d'épices cajun

260 g de semoule

2 gousses d'ail hachées

2 oignons rouges émincés

1 c. à soupe de miel

1 poignée de raisins secs

Quelques brins de coriandre hachés

2 c. à soupe d'huile d'olive

1 citron

CHOU-FLEUR GRILLÉ AUX ÉPICES ET SEMOULE

4 PERSONNES

15 MIN — 10 MIN

€

EXPRESS

RECETTE WAOUH

TOUR DU MONDE

1. Placez le chou-fleur dans le panier vapeur. Versez 20 cl d'eau dans la cuve du Cookeo et insérez le panier vapeur. Lancez le **mode cuisson sous pression** pour 2 min. Mélangez le chou-fleur avec l'ail, le miel, les épices, du sel et du poivre. Réservez.

2. Dans un bol, couvrez la semoule d'eau chaude et laissez gonfler en suivant les instructions du paquet.

3. Faites revenir les oignons, les raisins secs et la coriandre 3 min avec 1 c. à soupe d'huile dans la cuve du Cookeo en **mode dorer**. Ajoutez la semoule, assaisonnez et mélangez bien. Réservez.

4. Faites revenir les choux-fleurs marinés 5 min environ avec l'huile restante dans la cuve du Cookeo en **mode dorer**. Servez avec la semoule et des quartiers de citron.

Astuce : si vous souhaitez cuire la semoule au Cookeo, c'est possible. Pour cela, placez un disque de papier sulfurisé finement troué dans le panier vapeur. Versez 20 cl d'eau dans la cuve du Cookeo et placez la semoule dans le panier. Lancez le mode cuisson sous pression pour 5 min.

309 kcal

protides
9 g
glucides
58 g
lipides
4 g

INGRÉDIENTS

2 aubergines

200 g de boulgour

200 g de poivrons pelés en bocaux hachés

70 g de raisins secs

2 oignons nouveaux émincés

1 c. à café de cumin en poudre

10 brins de ciboulette ciselés

AUBERGINES FARCIES AU BOULGOUR ET POIVRONS

4 PERSONNES

10 MIN **18 MIN**

€

EXPRESS

IG BAS

TOUR DU MONDE

1. Coupez les aubergines en deux dans la longueur et quadrillez l'intérieur. Placez-les dans le panier vapeur. Versez 20 cl d'eau dans la cuve du Cookeo et insérez le panier vapeur. Lancez le **mode cuisson sous pression** pour 12 min.

2. Récupérez la chair des aubergines et hachez-la. Conservez les coques.

3. Versez 50 cl d'eau dans la cuve du Cookeo. Placez le boulgour et les raisins secs dans le panier vapeur. Lancez le **mode cuisson sous pression** pour 6 min.

4. Mélangez les oignons et les poivrons avec le boulgour, la chair des aubergines, le cumin et la ciboulette. Salez et poivrez, puis garnissez les coques de la préparation.

Variante : *pour plus de gourmandise, parsemez de feta avant de servir.*

287 kcal

protides
8 g
glucides
49 g
lipides
4 g

INGRÉDIENTS

4 poivrons

200 g de riz

1 oignon rouge émincé
1 gousse d'ail hachée

200 g de coulis de tomates

8 tomates séchées en dés

1 c. à soupe d'huile d'olive

POIVRONS FARCIS AU RIZ ET AUX LÉGUMES

4 PERSONNES

15 MIN 23 MIN

€

GRAND CLASSIQUE

SANS GLUTEN

1. Faites chauffer l'huile d'olive dans la cuve du Cookeo en **mode dorer**. Faites-y dorer l'oignon, les tomates séchées et l'ail 3 min.

2. Ajoutez le riz et le coulis de tomates, salez et poivrez. Versez 35 cl d'eau. Lancez le **mode cuisson sous pression** pour 10 min.

3. Coupez les poivrons en deux, retirez les graines et les parties blanches, puis garnissez-les de riz à la tomate.

4. Versez 20 cl d'eau dans la cuve du Cookeo. Déposez les poivrons dans le panier vapeur. Lancez le **mode cuisson sous pression** pour 10 min.

252 kcal

protides
6 g
glucides
48 g
lipides
55 g

COURGETTES FARCIES AU SEITAN

4 PERSONNES

15 MIN 6 MIN

€€

EXPRESS

RECETTE WAOUH

INGRÉDIENTS

4 courgettes rondes

200 g de seitan

½ bouquet de coriandre effeuillé

1 petite tranche de pain de seigle sans croûte

4 c. à soupe de crème de soja

1 œuf (facultatif)

3 c. à soupe de sauce soja

3 c. à soupe d'huile d'olive

1. Découpez un chapeau aux courgettes. Retirez-en la chair à l'aide d'une cuillère et réservez-la.

2. Dans le bol d'un robot, hachez la chair de courgette avec la coriandre. Ajoutez le pain coupé en morceaux, la crème de soja, le seitan et éventuellement l'œuf, puis mixez en gardant un peu de texture. Ajoutez la sauce soja et poivrez. Farcissez les courgettes de ce mélange et remettez les chapeaux.

3. Versez 20 cl d'eau dans la cuve du Cookeo. Déposez les courgettes dans le panier vapeur. Lancez le **mode cuisson sous pression** pour 6 min.

318 kcal

protides 43 g
glucides 13 g
lipides 10 g

INGRÉDIENTS

2 petites patates douces coupées en 2

300 g de pois chiches cuits égouttés

200 g de pousses d'épinards

½ oignon rouge ciselé
1 filet d'huile d'olive

1 pincée de mélange d'épices tex-mex
Quelques brins de coriandre fraîche ou ou quelques feuilles de coriandre séchées

PATATES DOUCES FARCIES AUX POIS CHICHES

4 PERSONNES

5 MIN — 23 MIN

€

EXPRESS

RECETTE WAOUH

SANS GLUTEN

1. Placez les patates douces dans le panier vapeur du Cookeo, face chair vers le haut. Versez 20 cl d'eau dans la cuve et lancez le **mode cuisson sous pression** pour 15 min. Réservez hors de la cuve.

2. Faites revenir les pois chiches, les épinards et l'oignon 5 min avec l'huile d'olive dans la cuve du Cookeo en **mode dorer**.

3. Ajoutez les épices et la coriandre, salez, poivrez et versez 5 cl d'eau. Poursuivez la cuisson jusqu'à ce que l'eau se soit complètement évaporée.

4. À l'aide d'une fourchette, écrasez la chair à l'intérieur des patates douces, puis ajoutez la garniture la garniture aux pois chiches au moment de servir.

375 kcal

protides
10 g
glucides
60 g
lipides
8 g

CAPONATA
ET PAIN GRILLÉ

INGRÉDIENTS

1 aubergine en cubes

2 branches de céleri émincées

1 oignon émincé
1 filet d'huile d'olive
30 g de raisins secs
1 c. à soupe de miel
4 brins de thym
1 c. à soupe de concentré de tomates

20 cl de concassé de tomates

60 g d'olives vertes

4 tranches de pain de campagne
4 tranches de mozzarella
4 brins de persil hachés

4 PERSONNES

10 MIN **15 MIN**

€

EXPRESS

TOUR DU MONDE

1. Faites revenir le céleri et l'oignon 2 min avec l'huile d'olive dans la cuve du Cookeo en **mode dorer**.

2. Ajoutez l'aubergine, les raisins secs, le miel, le thym, le concentré et le concassé de tomates et les olives. Versez 10 cl d'eau et lancez le **mode cuisson sous pression** pour 8 min.

3. Répartissez les tranches de pain sur une plaque de cuisson recouverte de papier sulfurisé. Couvrez-les de la préparation précédente et répartissez les tranches de mozzarella. Faites gratiner quelques minutes au four avant de servir avec le persil haché.

188 kcal
protides
9 g
glucides
21 g
lipides
13 g

INGRÉDIENTS

1 courgette en fines tranches

1 grosse aubergine en fines tranches

3 tomates en fines tranches

2 boules de mozzarella en fines tranches

Herbes de Provence

Huile d'olive

TIAN PROVENÇAL À LA MOZZARELLA

4 PERSONNES

15 MIN **13 MIN**

€

EXPRESS

GRAND CLASSIQUE

SANS GLUTEN

1. Disposez les légumes et la mozzarella dans le panier vapeur en les alternant et en serrant bien. Parsemez d'herbes de Provence, salez, poivrez et arrosez généreusement d'huile d'olive.

2. Versez 20 cl d'eau dans la cuve du Cookeo. Installez le panier vapeur. Lancez le **mode cuisson sous pression** pour 13 min.

Idée : *dégustez accompagné de riz, que vous pouvez faire cuire en même temps dans la cuve.*

247 kcal

protides
15 g
glucides
5 g
lipides
86 g

INGRÉDIENTS

2 oignons émincés

2 courgettes en cubes

1 poivron rouge en cubes

1 aubergine en cubes

5 tomates en cubes
1 c. à soupe d'huile d'olive

Herbes de Provence

RATATOUILLE

4 PERSONNES

20 MIN 10 MIN

€

EXPRESS
GRAND CLASSIQUE
SANS GLUTEN
IG BAS

1. Faites chauffer l'huile d'olive dans la cuve du Cookeo en **mode dorer**. Faites-y revenir les oignons 2 min. Ajoutez les autres légumes, sauf les tomates et parsemez d'herbes de Provence, puis poursuivez la cuisson 2 min.

2. Salez et poivrez. Ajoutez les tomates et mélangez bien. Lancez le **mode cuisson sous pression** pour 6 min.

Idée : servez avec du riz complet ou une autre céréale.

103 kcal

protides
4 g
glucides
11 g
lipides
4 g

CHAKCHOUKA AUX ŒUFS

4 PERSONNES

15 MIN 25 MIN

€

GRAND CLASSIQUE

TOUR DU MONDE

IG BAS

SANS GLUTEN

INGRÉDIENTS

3 poivrons rouges en morceaux

6 tomates en dés

4 œufs

2 oignons blancs émincés

1 c. à soupe d'huile d'olive

1 c. à soupe de cassonade

1 c. à café de cumin en poudre

1 c. à café de paprika

150 g de feta émiettée

1 oignon rouge émincé

Coriandre

1. Faites revenir les oignons blancs 2 min avec l'huile d'olive dans la cuve du Cookeo en **mode dorer**.

2. Ajoutez les poivrons, les tomates, la cassonade, les épices, du sel et du poivre. Lancez le **mode cuisson sous pression** pour 20 min.

3. Retirez l'excédent d'eau avec une petite louche. Cassez les œufs directement dans la cuve et passez en **mode dorer**. À la fin du pré-chauffage, réservez (le jaune des œufs doit rester coulant).

4. Servez parsemé de feta, d'oignon rouge et de coriandre.

275 kcal

protides
15 g
glucides
12 g
lipides
17 g

Moulinex
cookeo +

INGRÉDIENTS

6 œufs

1 oignon rouge émincé

150 g de feta en dés

100 g de roquette
2 c. à soupe d'huile de tournesol

1 c. à soupe rase de thym effeuillé

OMELETTE AUX OIGNONS, FETA ET ROQUETTE

4 PERSONNES

10 MIN 7 MIN

€

EXPRESS

IG BAS

SANS GLUTEN

1. Faites chauffer l'huile de tournesol dans la cuve du Cookeo en **mode dorer**. Faites-y revenir l'oignon 5 min avec le thym.

2. Dans un saladier, battez vigoureusement les œufs, puis versez-les sur les oignons. Ajoutez les dés de feta. Lancez le **mode cuisson sous pression** pour 2 min.

3. Retournez la cuve sur une assiette pour démouler l'omelette. Parsemez de roquette, salez et poivrez. Servez immédiatement.

Astuce : *pour une recette plus gourmande, ajoutez 20 cl de crème fraîche légère dans l'omelette.*

324 kcal

protides
16 g
glucides
5 g
lipides
26 g

OMELETTE
AUX LÉGUMES RÂPÉS

INGRÉDIENTS

6 œufs

2 carottes râpées

1 navet râpé

1 petite tranche
de chou rouge râpée

4 c. à soupe d'huile
de tournesol

1 c. à soupe d'herbes
de Provence

Persil ciselé

4 PERSONNES

15 MIN 2 MIN

€

EXPRESS

1. Faites chauffer l'huile dans la cuve du Cookeo en **mode dorer**. Dans un saladier, battez énergiquement les œufs. Ajoutez les légumes râpés et versez ce mélange dans l'huile chaude. Parsemez le dessus d'herbes de Provence.

2. Lancez le **mode cuisson sous pression** pour 2 min. Si le liquide manque dans la cuve, passez en **mode réchauffer** pour 4 min.

3. Retournez la cuve sur une assiette pour démouler l'omelette. Salez, poivrez et parsemez de persil. Servez immédiatement.

Idée : vous pouvez servir cette recette avec des dés de fromage de chèvre frais.

246 kcal

protides
11 g

glucides
9 g

lipides
18 g

FRITTATA AUX POIVRONS
ET POMMES DE TERRE

TERRINE DE COURGETTES
À LA MENTHE

INGRÉDIENTS

6 œufs

1 poivron rouge en dés

400 g de pommes de terre
(type Amandine) en cubes

1 oignon émincé

2 c. à soupe d'huile d'olive

1 pincée d'épices à chili

1 poignée de pousses d'épinards

80 g de fromage frais de brebis

FRITTATA AUX POIVRONS ET POMMES DE TERRE

4 PERSONNES

5 MIN 25 MIN

€

EXPRESS

TOUR DU MONDE

SANS GLUTEN

GRAND CLASSIQUE

1. Faites revenir le poivron, les pommes de terre et l'oignon avec la moitié de l'huile dans la cuve du cookeo 10 min en **mode dorer**, jusqu'à ce qu'ils soient fondants.

2. Fouettez les œufs avec la pincée d'épices à chili. Salez et poivrez.

3. Huilez un moule rond adapté au cookeo, puis répartissez les légumes au fond. Ajoutez les pousses d'épinards et versez le mélange aux œufs. Ajoutez-le fromage, puis filmez hermétiquement le moule.

4. Versez 20 cl d'eau dans la cuve. Placez le moule dans le panier vapeur et lancez le **mode cuisson sous pression** pour 15 min.

220 kcal

protides
11 g
glucides
50 g
lipides
35 g

TERRINE DE COURGETTES
À LA MENTHE

4 PERSONNES

15 MIN 25 MIN

€

RECETTE WAOUH

GRAND CLASSIQUE

INGRÉDIENTS

2 courgettes en fines lamelles

1 petit bouquet de menthe haché

1 c. à café d'huile d'olive

20 cl de crème fraîche

4 œufs

1 c. à café de curry en poudre

1. Huilez légèrement un moule à manqué adapté au Cookeo. Disposez les lamelles de courgettes en rosace au fond.

2. Fouettez les œufs avec la crème, le curry et la menthe. Salez et poivrez. Versez la préparation dans le moule et filmez-le hermétiquement.

3. Versez 20 cl d'eau dans la cuve du Cookeo. Placez le moule dans le panier vapeur et lancez le **mode cuisson sous pression** pour 25 min.

249 kcal

protides
11 g
glucides
16 g
lipides
15 g

CLAFOUTIS À LA PROVENÇALE

INGRÉDIENTS

150 g de poivrons en conserve

3 œufs

20 cl de lait écrémé

20 g de fécule de maïs

40 g de parmesan
1 c. à café de thym

1 courgette râpée
Huile d'olive

4 PERSONNES

15 MIN 25 MIN

€

GRAND CLASSIQUE

SANS GLUTEN

1. Mixez les poivrons avec les œufs et le lait. Incorporez la fécule de maïs, le parmesan, le thym, du sel et du poivre. Ajoutez la courgette à la préparation.

2. Huilez légèrement un moule adapté au Cookeo et versez-y la préparation. Filmez-le entièrement puis placez-le dans le panier vapeur.

3. Versez 20 cl d'eau dans la cuve du Cookeo et insérez le panier vapeur. Lancez le **mode cuisson sous pression** pour 25 min.

157 kcal

protides
11 g
glucides
9 g
lipides
8 g

cookeo

INGRÉDIENTS

1 petit fenouil émincé

150 g de feta émiettée

1 poignée d'olives noires
1 noix de beurre

3 œufs

15 cl de crème fraîche légère

2 c. à soupe de farine de pois chiches

CLAFOUTIS AU FENOUIL ET À LA FETA

4 PERSONNES

15 MIN — 10 MIN

€

EXPRESS

IG BAS

SANS GLUTEN

1. Beurrez un moule à manqué adapté au Cookeo.

2. Mélangez énergiquement les œufs, la crème et la farine de pois chiches. Versez dans le moule. Répartissez sur le dessus la feta, les olives noires et le fenouil.

3. Déposez le moule délicatement dans le panier vapeur, puis glissez 3 feuilles de papier absorbant sous les poignées, pour empêcher la vapeur de retomber sur le clafoutis pendant la cuisson. Versez 20 cl d'eau dans la cuve du Cookeo. Déposez délicatement le panier vapeur. Lancez le **mode cuisson sous pression** pour 10 min.

Idée : servez ce plat avec de la roquette et des graines de sésame.

373 kcal

protides
14 g
glucides
9 g
lipides
30 g

INGRÉDIENTS

280 g de courge
en morceaux

100 g de tofu fumé en dés

100 g de pousses d'épinards

3 œufs

20 cl de crème liquide
allégée

FLANS DE COURGE, TOFU FUMÉ ET ÉPINARDS

4 PERSONNES

15 MIN 25 MIN

€

RECETTE WAOUH

SANS GLUTEN

1. Versez 20 cl d'eau dans la cuve du Cookeo. Placez la courge dans le panier vapeur. Lancez le **mode cuisson sous pression** pour 5 min.

2. Mixez la courge cuite avec les œufs et la crème. Assaisonnez, puis ajoutez le tofu et les épinards. Répartissez la préparation dans 4 ramequins. Filmez-les individuellement et placez-les dans le panier vapeur.

3. Versez 20 cl d'eau dans la cuve du Cookeo et insérez le panier vapeur. Lancez le **mode cuisson sous pression** pour 20 min.

173 kcal

protides
10 g
glucides
7 g
lipides
13 g

Moulinex
cookeo
ok

INGRÉDIENTS

400 g de carottes en morceaux

50 g de chèvre frais

1 c. à café de cumin en poudre

1 oignon en morceaux

2 œufs

10 cl de crème fraîche

1 noix de beurre

FLANS DE CAROTTES AU CHÈVRE ET AU CUMIN

4 PERSONNES

15 MIN 30 MIN

€

SANS GLUTEN

1. Placez les carottes et les oignons dans le panier vapeur. Versez 20 cl d'eau dans la cuve du Cookeo. Installez le panier vapeur. Lancez le **mode cuisson sous pression** pour 12 min.

2. Écrasez les carottes et l'oignon à l'aide d'une fourchette ou mixez-les. Dans un saladier, battez les œufs, la crème et le chèvre frais. Ajoutez le mélange précédent. Incorporez le cumin, salez et poivrez. Mélangez jusqu'à obtention d'une consistance homogène.

3. Beurrez 4 ramequins et versez-y la préparation. Placez les ramequins dans le panier vapeur.

4. Versez 20 cl d'eau dans la cuve et installez le panier vapeur. Lancez le **mode cuisson sous pression** pour 18 min.

160 kcal

protides
7 g
glucides
10 g
lipides
10 g

INGRÉDIENTS

300 g de fleurettes de brocoli râpées

1 belle pincée de muscade en poudre

4 œufs

30 cl de crème de soja

2 c. à soupe de farine de pois chiches

1 noix de beurre

1 filet d'huile d'olive

FLANS DE BROCOLI À LA MUSCADE

8 PETITS FLANS

15 MIN 6 MIN

€

EXPRESS

IG BAS

SANS GLUTEN

1. Dans un saladier, battez énergiquement les œufs, le lait, la farine de pois chiches et la muscade. Ajoutez les fleurettes de brocoli au mélange. Salez et poivrez.

2. Versez le mélange précédent dans 8 petits ramequins beurrés. Recouvrez-les de film alimentaire spécial cuisson et mettez-les dans le panier vapeur (vous pouvez les empiler sur deux étages).

3. Versez 20 cl d'eau dans la cuve du Cookeo et déposez délicatement le panier vapeur. Lancez le **mode cuisson sous pression** pour 6 min. Au moment de servir, arrosez les flans d'un filet d'huile d'olive.

Astuce : utilisez la tige de brocoli râpée en salade ou mixée en soupe, c'est délicieux !

83 kcal

protides 6 g
glucides 3 g
lipides 5 g

RIZ SAUTÉ AU TOFU ET LÉGUMES

4 PERSONNES

10 MIN 20 MIN

€

EXPRESS

RECETTE WAOUH

INGRÉDIENTS

180 g de riz rouge

200 g de tofu fumé en cubes

150 g de brocoli coupé en fleurettes

150 g de petits pois écossés

200 g de champignons shiitake frais émincés

2 c. à soupe d'huile olive

2 c. à soupe de sauce soja

1 c. à soupe de sésame

1. Placez le riz rouge dans la cuve du Cookeo et versez 40 cl d'eau. Lancez le **mode cuisson sous pression** pour 12 min. Réservez.

2. Versez 20 cl d'eau dans la cuve du Cookeo. Placez le brocoli et les petits pois dans le panier vapeur. Lancez le **mode cuisson sous pression** pour 4 min. Réservez.

3. Faites revenir le tofu et les champignons 3 min avec l'huile d'olive dans la cuve du Cookeo en **mode dorer**.

4. Ajoutez les légumes, le riz et la sauce soja, et mélangez bien. Saupoudrez de sésame noir au moment de servir.

317 kcal

protides
15 g
glucides
37 g
lipides
11 g

INGRÉDIENTS

200 g de riz à risotto

300 g de poêlée
de légumes verts surgelés

2 c. à soupe d'huile d'olive

4 c. à soupe de fromage
frais ail et fines herbes
type Boursin®

RISOTTO DE PRINTEMPS

4 PERSONNES

5 MIN 15 MIN

€

EXPRESS

SANS GLUTEN

1. Faites chauffer l'huile d'olive dans la cuve du Cookeo en **mode dorer**. Faites-y revenir le riz 2 min environ. Ajoutez les légumes encore surgelés et faites revenir 3 min de plus.

2. Salez légèrement (les légumes sont déjà assaisonnés) et poivrez, puis versez 50 cl d'eau chaude dans la cuve. Lancez le **mode cuisson sous pression** pour 10 min.

3. Incorporez le fromage au risotto. Si nécessaire, refermez le couvercle quelques minutes pour que le riz finisse d'absorber le bouillon.

400 kcal

protides
8 g
glucides
36 g
lipides
24 g

INGRÉDIENTS

120 g de riz basmati

3 oignons émincés
1 c. à soupe d'huile d'olive

180 g de lentilles vertes

10 brins de coriandre hachés

1 c. à café de cumin en poudre

1 c. à café de mélange 5-épices
1 c. à café de thym
1 pincée de sésame

RIZ À LA LIBANAISE

4 PERSONNES

10 MIN 18 MIN

€

EXPRESS
TOUR DU MONDE
SANS GLUTEN

1. Faites revenir les oignons 6 min avec l'huile dans la cuve du Cookeo en **mode dorer**. Réservez-les hors de la cuve.

2. Versez le riz et les lentilles dans la cuve puis versez 40 cl d'eau. Lancez le **mode cuisson sous pression** pour 12 min.

3. Incorporez la coriandre hachée, les épices, les oignons, du sel et du poivre, puis servez avec une pincée de sésame.

309 kcal

protides
15 g
glucides
48 g
lipides
4 g

INGRÉDIENTS

200 g de riz arborio

100 g de potiron en cubes

400 g de purée
de courge surgelée

150 g de chèvre frais

2 échalotes ciselées

1 c. à soupe d'huile d'olive

15 cl de vin blanc

80 cl de bouillon
de légumes

Quelques noisettes

5 brins de cerfeuil ciselés

RISOTTO À LA COURGE ET CHÈVRE FRAIS

4 PERSONNES

10 MIN 12 MIN

€

EXPRESS

SANS GLUTEN

RECETTE WAOUH

1. Faites revenir les échalotes 2 min avec l'huile d'olive dans la cuve du Cookeo en **mode dorer**.

2. Ajoutez le riz et poursuivez la cuisson 1 min. Versez le vin et laissez-le s'évaporer presque totalement.

3. Ajoutez le bouillon, la purée de courge et les cubes de potiron. Salez et poivrez. Lancez le **mode cuisson sous pression** pour 8 min.

4. Incorporez le chèvre et servez avec quelques éclats de noisettes et le cerfeuil ciselé.

348 kcal

protides
11 g
glucides
48 g
lipides
10 g

INGRÉDIENTS

400 g de pâtes

150 g de lentilles vertes rincées

1 oignon ciselé

1 chou-fleur haché

1 c. à soupe d'huile d'olive

500 g de concassé de tomates

1 c. à café d'herbes de Provence

1 c. à café de piment en poudre

40 g de parmesan râpé

PÂTES À LA BOLO' VEGGIE

4 PERSONNES

15 MIN 20 MIN

€

RECETTE WAOUH

1. Faites revenir l'oignon avec l'huile le temps du préchauffage dans la cuve du Cookeo en **mode dorer**.

2. Ajoutez les lentilles, le concassé de tomates, les herbes de Provence et le piment. Versez 30 cl d'eau. Lancez le **mode cuisson sous pression** pour 15 min.

3. Écrasez la préparation à la fourchette puis ajoutez les pâtes. Couvrez-les d'eau aux ¾. Ajoutez le chou-fleur et assaisonnez bien. Lancez le **mode cuisson sous pression** pour la moitié du temps de cuisson indiqué sur le paquet des pâtes.

4. Servez saupoudré de parmesan.

635 kcal

protides
37 g
glucides
94 g
lipides
9 g

ONE POT PASTA
AUX LÉGUMES

INGRÉDIENTS

400 g de penne complètes
1 oignon émincé

1 poivron en dés

50 g de champignons de Paris en morceaux

1 aubergine en dés

2 tomates en morceaux
2 c. à soupe d'huile d'olive

1 petit bouquet de basilic
1 c. à soupe de parmesan râpé

4 PERSONNES

15 MIN · 13 MIN

€

EXPRESS

IG BAS

1. Faites chauffer l'huile d'olive dans la cuve du Cookeo en **mode dorer**. Faites-y revenir tous les légumes, sauf les tomates, pendant 4 min.

2. Ajoutez les tomates et poursuivez la cuisson 1 min.

3. Ajoutez les penne et 50 cl d'eau. Salez et poivrez. Lancez le **mode cuisson sous pression** pour 8 min.

4. Servez parsemé de basilic frais ciselé et de parmesan râpé.

463 kcal

protides
25 g
glucides
69 g
lipides
9 g

INGRÉDIENTS

300 g de nouilles de blé
2 échalotes émincées

1 carotte en dés

1 poivron rouge en lamelles

1 poivron jaune en lamelles
1 c. à soupe d'huile d'olive
1 c. à café de curry en poudre
2 c. à soupe de sauce soja

20 cl de lait de coco

Quelques brins de coriandre ciselés

NOUILLES AUX LÉGUMES À L'ASIATIQUE

4 PERSONNES

15 MIN 7 MIN

€

EXPRESS

TOUR DU MONDE

1. Faites chauffer l'huile d'olive dans la cuve du Cookeo en **mode dorer**. Faites-y revenir les échalotes, la carotte et le poivron 2 min avec le curry.

2. Ajoutez les nouilles, la sauce soja et 40 cl d'eau. Salez, poivrez et mélangez bien. Lancez le **mode cuisson sous pression** pour 5 min.

3. Ajoutez le lait de coco, mélangez bien et servez parsemé de coriandre ciselée.

Idée : ajoutez des copeaux de noix de coco grillés ou des noix de cajou concassées au moment de servir !

377 kcal

protides 13 g
glucides 56 g
lipides 11 g

BLÉ AUX COURGETTES ET TOMATES SÉCHÉES

INGRÉDIENTS

125 g de blé précuit type Ebly®

400 g de courgettes en petits dés

6 tomates séchées dans l'huile hachées grossièrement

2 oignons verts émincés

3 c. à soupe d'huile d'olive

4 PERSONNES

15 MIN 11 MIN

€

EXPRESS

IG BAS

1. Faites chauffer l'huile d'olive dans la cuve du Cookeo en **mode dorer**. Ajoutez les courgettes, les tomates et les oignons. Faites revenir 3 min environ.

2. Ajoutez le blé et 25 cl d'eau. Salez et poivrez. Lancez le **mode cuisson sous pression** pour 8 min.

224 kcal

protides
6 g

glucides
26 g

lipides
40 g

QUINOA ROSE AU POIREAU ET AUX HERBES

4 PERSONNES

10 MIN 10 MIN

€

EXPRESS

RECETTE WAOUH

IG BAS

SANS GLUTEN

INGRÉDIENTS

200 g de quinoa blanc rincé

300 g de betterave rouge râpée

2 poireaux émincés

Quelques brins d'aneth ciselé

3 c. à soupe d'huile d'olive

50 cl de bouillon de légumes

1. Faites chauffer l'huile d'olive dans la cuve du Cookeo en **mode dorer**. Faites revenir les poireaux 3 min. Réservez au chaud.

2. Mettez le quinoa, la moitié de la betterave râpée et le bouillon dans la cuve. Lancez le **mode cuisson sous pression** en divisant par deux le temps de cuisson indiqué sur le paquet du quinoa.

3. Au moment de servir, ajoutez les poireaux réservés, le reste de betterave râpée et parsemez d'aneth.

322 kcal

protides
10 g
glucides
42 g
lipides
12 g

QUINOA AUX CHAMPIGNONS FAÇON RISOTTO

INGRÉDIENTS

200 g de quinoa

250 g de champignons de Paris émincés

1 échalote émincée

1 c. à soupe d'huile d'olive

15 cl de vin blanc

70 cl de bouillon de légumes

Quelques brins de ciboulette ciselés

4 c. à soupe de cream cheese allégé

4 PERSONNES

10 MIN **17 MIN**

€

EXPRESS

RECETTE WAOUH

SANS GLUTEN

IG BAS

1. Faites revenir l'échalote 2 min avec l'huile chaude dans la cuve du Cookeo en **mode dorer**. Ajoutez les champignons et poursuivez la cuisson 5 min.

2. Versez le quinoa et mélangez bien. Déglacez avec le vin blanc et laissez-le s'évaporer quelques secondes. Complétez avec le bouillon, salez, poivrez, puis lancez le **mode cuisson sous pression** pour 10 min.

3. Incorporez la ciboulette ciselée et le cream cheese avant de servir.

Idée : optez pour un mix de différents quinoa (rouge, blanc, noir...). Vous trouverez des mélanges déjà faits dans le commerce.

337 kcal

protides
10 g

glucides
40 g

lipides
14 g

INGRÉDIENTS

250 g de quinoa rouge

200 g de tofu en dés

1 poivron rouge en lamelles

1 poivron jaune en lamelles

1 c. à soupe d'huile de sésame

1 c. à soupe de sauce soja

1 oignon émincé

1 c. à soupe d'huile d'olive

QUINOA AU TOFU ET AUX POIVRONS

4 PERSONNES

20 MIN · 10 MIN · 13 MIN

€

IG BAS

1. Dans un bol, mélangez l'huile de sésame et la sauce soja. Ajoutez le tofu dans ce mélange et laissez mariner au moins 10 min.

2. Faites chauffer l'huile d'olive dans la cuve du Cookeo en **mode dorer**. Faites dorer le tofu 3 min. Salez et poivrez.

3. Ajoutez l'oignon et les poivrons et poursuivez la cuisson 3 min.

4. Ajoutez le quinoa et 50 cl d'eau, salez légèrement et mélangez bien. Lancez le **mode cuisson sous pression** pour 6 min. Dégustez bien chaud.

343 kcal

protides
15 g
glucides
42 g
lipides
12 g

DESSERTS & DOUCEURS

INGRÉDIENTS

3 c. à soupe de cacao cru en poudre

200 g de courgette râpée

100 g de sirop d'agave

3 œufs

80 g de farine

1 c. à café de bicarbonate alimentaire

FONDANT VAPEUR CACAO ET COURGETTE

6 PERSONNES

15 MIN 45 MIN

€

RECETTE WAOUH

1. Pressez la courgette râpée très fortement dans un torchon propre fermé, afin de retirer un maximum d'eau de la chair.

2. Dans un saladier, mélangez le cacao et le sirop d'agave. Ajoutez les œufs un à un, la courgette, la farine et la levure tamisées, puis 1 pincée de sel. Versez dans un moule à manqué adapté au Cookeo. Filmez le moule hermétiquement.

3. Versez 50 cl d'eau dans la cuve du Cookeo. Installez le panier vapeur et déposez-y le moule. Lancez le **mode cuisson sous pression** pour 45 min.

179 kcal

protides
6 g
glucides
24 g
lipides
6 g

INGRÉDIENTS

200 g de framboises fraîches

30 cl de boisson à l'amande

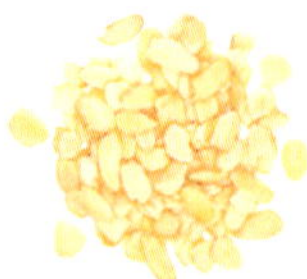

30 g d'amandes effilées

2 œufs

60 g de sucre de canne

40 g de farine
10 g de beurre

CLAFOUTIS AUX FRAMBOISES ET AMANDES

4 PERSONNES

15 MIN — 18 MIN

€

GRAND CLASSIQUE

1. Dans un saladier, mélangez les œufs, le sucre, la farine et la boisson à l'amande.

2. Beurrez 4 ramequins et répartissez-y les amandes effilées et les framboises. Versez l'appareil à clafoutis par-dessus. Couvrez les ramequins de film alimentaire spécial cuisson. Placez-les dans le panier vapeur (vous pouvez les empiler).

3. Versez 20 cl d'eau dans la cuve du Cookeo et installez le panier vapeur. Lancez le **mode cuisson sous pression** pour 18 min. Dégustez ces petits clafoutis tièdes ou froids.

239 kcal

protides
7 g
glucides
27 g
lipides
10 g

CHEESECAKE JAPONAIS

INGRÉDIENTS

70 g de Philadelphia® allégé

50 g de margarine légère
+ 1 noisette

2 œufs

3 c. à soupe de sirop d'agave

120 g de farine

2 pincées de vanille
en poudre

3 c. à soupe de sucre
de canne

6 PERSONNES

15 MIN · 8 MIN

€

EXPRESS

TOUR DU MONDE

RECETTE WAOUH

1. Dans un saladier, mélangez le Philadelphia®, la margarine en dés, les œufs et le sirop d'agave, puis ajoutez la farine et la vanille.

2. Graissez un moule à flan adapté au Cookeo, puis répartissez-y le sucre de canne. Versez-y la préparation.

3. Versez 20 cl d'eau dans la cuve du Cookeo et déposez le moule à même le fond. Lancez le **mode cuisson sous pression** pour 8 min.

Idée : servez ce cheesecake avec un coulis de fruits rouges et quelques fruits frais.

232 kcal

protides
5 g
glucides
24 g
lipides
13 g

GÂTEAU BRIOCHÉ À LA MYRTILLE

4 PERSONNES

15 MIN 33 MIN

€

RECETTE WAOUH

INGRÉDIENTS

1 grosse brioche tranchée

250 g de myrtilles

2 œufs

50 cl de lait

3 c. à soupe de miel d'acacia

50 g de sucre

1. Fouettez les œufs avec le lait et le miel, puis versez la préparation dans un plat creux.

2. Trempez les tranches de brioche dans la préparation aux œufs, puis tapissez-en le fond d'un moule adapté à la taille du Cookeo. Réservez un quart des myrtilles, puis répartissez-en quelques-unes sur les tranches de brioche. Renouvelez l'opération jusqu'à atteindre le haut du moule. Filmez et placez dans le panier vapeur.

3. Versez 20 cl d'eau dans la cuve du Cookeo et insérez le panier. Lancez le **mode cuisson sous pression** pour 30 min. Réservez.

4. Versez le reste des myrtilles, le sucre et 5 cl d'eau dans la cuve du Cookeo. Lancez le **mode dorer** pour 5 min, puis servez cette compotée avec le gâteau.

599 kcal

protides
15 g
glucides
89 g
lipides
19 g

GÂTEAU NORMAND
AUX POMMES

INGRÉDIENTS

4 pommes pelées en morceaux

2 œufs

60 g de sucre

150 g de farine
½ sachet de levure chimique

15 cl de lait demi-écrémé

50 g de beurre

6 PERSONNES

20 MIN **34 MIN**

€

GRAND CLASSIQUE

1. Dans un saladier, fouettez les œufs avec le sucre, puis la farine, la levure, le lait et 40 g de beurre fondu.

2. Mettez 10 g de beurre dans la cuve du Cookeo en **mode dorer** et laissez-le fondre. Ajoutez les pommes et faire dorer 4 min.

3. Versez les pommes dans un moule antiadhésif et recouvrez-les de la préparation.

4. Lavez la cuve et versez-y 50 cl d'eau. Déposez le moule dans le panier vapeur, puis recouvrez d'une assiette. Lancez le **mode cuisson sous pression** pour 30 min. Laissez tiédir et démoulez.

395 kcal

protides
8 g
glucides
57 g
lipides
50 g

FONDANT CHOCO-AVOCAT

FLANS
COCO-MANGUE

FONDANT CHOCO-AVOCAT

INGRÉDIENTS

110 g de chocolat noir corsé

1 avocat mûr

3 œufs

80 g de sucre de canne complet (ou muscovado)

70 g de fécule de maïs

4 PERSONNES

15 MIN 25 MIN

€

RECETTE WAOUH

SANS GLUTEN

1. Faites fondre le chocolat. Mixez la chair de l'avocat avec 2 œufs et le sucre. Incorporez délicatement l'œuf restant, le chocolat fondu et la Maïzena® tamisée. Versez la pâte dans un moule beurré et fariné. Filmez et placez dans le panier vapeur.

2. Versez 20 cl d'eau dans la cuve du Cookeo et insérez le panier vapeur. Lancez le **mode cuisson sous pression** pour 25 min.

Astuce : *pour encore plus de gourmandise, nappez d'un glaçage réalisé avec 50 g de chocolat noir fondu et la même quantité de chair d'avocat mixée.*

428 kcal

protides
8 g
glucides
48 g
lipides
22 g

FLANS
COCO-MANGUE

4 PERSONNES

10 MIN · 2 MIN · 1 H 30

€€

TOUR DU MONDE

IG BAS

SANS GLUTEN

1. Mixez 250 g de chair de mangue et réservez le reste.

2. Versez la purée de mangue, le lait de coco, le sirop d'agave, la gousse de vanille et l'agar-agar dans la cuve du Cookeo. Lancez le **mode dorer** et mélangez sans cesse jusqu'à ébullition.

3. Poursuivez la cuisson 1 min, retirez la gousse de vanille, puis versez la préparation dans des verrines ou des moules individuels. Placez 1 h 30 au frais.

4. Servez avec les dés de mangue réservés.

228 kcal
protides 2 g
glucides 26 g
lipides 12 g

INGRÉDIENTS

200 g de lait de coco

2 mangues mûres en dés

1 filet de sirop d'agave

½ gousse de vanille

½ c. à café rase d'agar-agar

INGRÉDIENTS

200 g de flocons d'avoine

250 g d'un mélange de framboises et de groseilles

2 c. à soupe de miel

60 cl de lait ou de boisson végétale

50 g de chocolat noir

50 g d'amandes

PORRIDGE GOURMAND

4 PERSONNES

5 MIN · 4 MIN

€€

EXPRESS

GRAND CLASSIQUE

SANS GLUTEN

1. Faites compoter les fruits et le miel dans la cuve du Cookeo en **mode dorer** pendant le temps du préchauffage, en mélangeant de temps en temps. Réservez.

2. Faites revenir les flocons d'avoine et le lait 2 min dans la cuve du Cookeo en **mode dorer**, en mélangeant.

3. Servez le porridge avec la compotée de fruits, des éclats de chocolat et des amandes concassées.

Astuce : *pour une texture plus crémeuse, vous pouvez mixer brièvement les flocons d'avoine et incorporer un yaourt à la fin de la cuisson.*

443 kcal

protides
17 g
glucides
51 g
lipides
17 g

PETITS GÂTEAUX AU THÉ MATCHA

8 PETITS GÂTEAUX

15 MIN · 20 MIN

€

RECETTE WAOUH

TOUR DU MONDE

INGRÉDIENTS

4 c. à café de thé matcha en poudre

240 g de farine

2 c. à café de levure chimique

4 œufs

100 g de sucre

8 c. à soupe de lait

4 c. à soupe d'huile de tournesol

1. Tamisez la farine avec la levure et le thé matcha. Fouettez les œufs avec le sucre. Incorporez délicatement le mélange tamisé, puis le lait et l'huile.

2. Remplissez aux deux tiers des moules en papier déposés dans des ramequins (ou des moules individuels à muffins en silicone), puis mettez-les dans le panier vapeur. Glissez 3 feuilles d'essuie-tout sous les poignées du panier pour empêcher la vapeur de retomber sur les gâteaux.

3. Versez 20 cl d'eau dans la cuve du Cookeo et installez le panier vapeur. Lancez le **mode cuisson sous pression** pour 20 min. Laissez refroidir avant de déguster.

120 kcal

protides 3 g

glucides 18 g

lipides 7 g

INGRÉDIENTS

8 c. à soupe de fruits rouges surgelés

4 c. à café d'huile de coco

4 blancs d'œufs

4 c. à soupe de sirop d'agave

4 c. à soupe de lait écrémé

400 g de flocons d'avoine

BOWL CAKES AUX FRUITS ROUGES

4 BOLS

10 MIN **5 MIN**

€

EXPRESS

1. Mélangez tous les ingrédients dans un saladier en réservant une poignée de fruits rouges. Répartissez la préparation dans 4 petits bols adaptés au Cookeo.

2. Versez 50 cl d'eau dans la cuve du Cookeo. Installez le panier vapeur et déposez-y le bol. Lancez le **mode cuisson sous pression** pour 5 min.

3. Servez les bowl cakes parsemés des fruits réservés.

212 kcal

protides
6 g
glucides
25 g
lipides
9 g

INGRÉDIENTS

3 c. à soupe de cacao en poudre

30 cl de crème liquide entière

6 c. à soupe de sucre

3 c. à soupe de fécule de maïs

50 cl de lait

PETITES CRÈMES AU CHOCOLAT

4 CRÈMES

5 MIN · 5 MIN · 4 H

€

GRAND CLASSIQUE

SANS GLUTEN

1. Versez tous les ingrédients dans la cuve du Cookeo et faites épaissir en **mode dorer** pendant 5 min, sans cesser de mélanger.

2. Répartissez la préparation dans 4 petits pots, puis laissez prendre au moins 4 h au frais.

Idée : ajoutez des copeaux de chocolat ou de noix de coco au moment de servir.

174 kcal

protides 3 g
glucides 12 g
lipides 13 g

INGRÉDIENTS

1 citron

2 brins de romarin

150 g de mascarpone

400 g de ricotta

2 c. à soupe de sirop d'agave
+ 50 g

2 œufs

20 g de beurre

MOUSSE À LA RICOTTA CITRON-ROMARIN

4 PERSONNES

10 MIN 2 MIN 2 H

€

RECETTE WAOUH

IG BAS

1. Préparez la mousse à la ricotta. Prélevez les zestes et le jus du citron. Fouettez le mascarpone pour le rendre plus souple, puis incorporez-y la ricotta, les zestes de citron et 2 c. à soupe de sirop d'agave. Réservez.

2. Préparez la crème au citron. Versez le reste de sirop d'agave, le jus de citron, les œufs battus et 1 brin de romarin dans la cuve du Cookeo. Mélangez bien puis lancez le **mode dorer**. Remuez sans cesse jusqu'à la fin du préchauffage. La préparation doit épaissir et devenir crémeuse.

3. Sortez la cuve du Cookeo après avoir stoppé la cuisson et incorporez le beurre. Versez la préparation dans un bol et placez au moins 2 h au frais.

4. Servez la crème à la ricotta dans des petits bols, avec 1 cuillerée de crème au citron par bol. Décorez d'un brin de romarin.

404 kcal
protides
14 g
glucides
20 g
lipides
33 g

INGRÉDIENTS

15 cl d'espresso

20 cl de lait

20 cl de crème

5 cl de sirop d'érable

40 g de fécule de maïs

CRÈMES DESSERT AU CAFÉ

4 PERSONNES

5 MIN 3 MIN 2 H

€

SANS GLUTEN

1. Mélangez au fouet tous les ingrédients dans la cuve du Cookeo. Lancez le **mode dorer** et remuez sans cesse jusqu'à ébullition (vers la fin du préchauffage).

2. Versez aussitôt la préparation dans des petits pots et placez-les 2 h au frais avant de déguster.

Astuce : ces crèmes sont très peu sucrées. N'hésitez pas à ajuster la quantité de sirop d'érable selon vos goûts.

255 kcal

protides
3 g
glucides
24 g
lipides
16 g

Moulinex
cookeo

CRÈMES DESSERT À LA COCO

4 CRÈMES

10 MIN 12 MIN

€

EXPRESS

RECETTE WAOUH

SANS GLUTEN

INGRÉDIENTS

40 cl de lait de coco

2 c. à soupe de matcha en poudre (facultatif) + 4 pincées

2 œufs + 2 jaunes d'œufs

75 g de sucre de canne

50 g de fécule de maïs

1. Dans un saladier, battez les œufs avec les jaunes d'œufs et le sucre.

2. Ajoutez le lait de coco, la fécule de maïs et le matcha si vous en utilisez. Mélangez jusqu'à obtention d'une consistance homogène.

3. Répartissez le mélange dans 4 ramequins et filmez-les hermétiquement. Placez-les dans le panier vapeur (vous pouvez les empiler). Versez 20 cl d'eau dans la cuve du Cookeo et installez le panier vapeur. Lancez le **mode cuisson sous pression** pour 12 min.

4. Servez ces crèmes tièdes ou froides saupoudrées d'un peu de thé matcha.

271 kcal

protides
4 g
glucides
27 g
lipides
16 g

INGRÉDIENTS

200 g de chair de potimarron épluchée en morceaux

Les graines de ½ gousse de vanille

3 œufs

1 c. à soupe bombée de de sucre de canne complet (ou muscovado)

30 cl de lait

CRÈMES DESSERT POTIMARRON-VANILLE

4 CRÈMES

20 MIN 37 MIN 3 H

€€

RECETTE WAOUH

SANS GLUTEN

1. Versez 20 cl d'eau dans la cuve du Cookeo et placez le potimarron coupé grossièrement dans le panier vapeur. Lancez le **mode cuisson sous pression** pour 7 min.

2. Écrasez la chair du potimarron à la fourchette ou au presse-purée. Dans un saladier, battez énergiquement les œufs avec le sucre. Ajoutez les graines de vanille, puis la chair de potimarron et enfin le lait, sans cesser de mélanger. Répartissez la préparation dans 4 ramequins. Couvrez-les de film alimentaire spécial cuisson.

3. Versez 20 cl d'eau dans la cuve. Déposez les ramequins dans le panier vapeur. Lancez le **mode cuisson sous pression** pour 30 min. Laissez refroidir à température ambiante avant de placer au moins 3 h au réfrigérateur.

106 kcal

protides 7 g
glucides 8 g
lipides 28 g

INGRÉDIENTS

60 g de pâte de pistache

20 g de pistaches

200 g de mélange de fruits rouges surgelés

4 feuilles de gélatine

75 cl de lait écrémé ou de boisson végétale

25 cl de crème liquide allégée

1 filet de sirop d'agave

50 g de sucre

PANNACOTTAS À LA PISTACHE ET AUX FRUITS ROUGES

4 PERSONNES

10 MIN 5 MIN 4 H

€€

GRAND CLASSIQUE

RECETTE WAOUH

SANS GLUTEN

1. Placez les feuilles de gélatine dans un bol d'eau froide pour les ramollir.

2. Versez le lait, la crème, la pâte de pistache et le sirop d'agave dans la cuve du Cookeo. Lancez le **mode dorer** et portez à ébullition. Arrêtez le **mode dorer** et retirez la cuve du Cookeo. Incorporez les feuilles de gélatine égouttées et mélangez. Répartissez la préparation dans des ramequins et réservez 4 h au frais.

3. Placez les fruits rouges et le sucre dans la cuve du Cookeo. Lancez le **mode cuisson sous pression** pour 3 min. Mixez ou non la compotée selon vos goûts.

4. Servez les pannacottas surmontées de compotée de fruits rouges et de pistaches hachées.

364 kcal

protides
13 g
glucides
39 g
lipides
18 g

Moulinex
cookeo +

TRIFLE À L'ANANAS
ET AU CITRON VERT

4 PERSONNES

15 MIN · 5 MIN · 2 H

€

GRAND CLASSIQUE

RECETTE WAOUH

SANS GLUTEN

INGRÉDIENTS

½ ananas

Les zestes de 1 citron vert

90 g de graines de chia

50 cl de lait de coco

60 g de sucre de canne complet (ou muscovado)

1. Mélangez les graines de chia et le lait de coco, puis placez la préparation 1 h au frais. Mélangez et laissez de nouveau reposer 1 h.

2. Coupez l'ananas en dés et récupérez le jus.

3. Versez le sucre et 1 c. à soupe d'eau dans la cuve du Cookeo, puis lancez le **mode dorer**. Lorsque le sucre forme des bulles, ajoutez le jus d'ananas et l'ananas. Laissez-le s'enrober 3 min, en mélangeant de temps en temps.

4. Répartissez dans 4 verres le *pudding* de chia et l'ananas en formant plusieurs couches, jusqu'à épuisement des ingrédients. Terminez en parsemant de zestes de citron vert.

Astuce : *vous pouvez ajouter un petit bouchon de rhum ambré lors de la cuisson de l'ananas pour lui donner encore plus de saveur !*

522 kcal

protides
8 g
glucides
47 g
lipides
31 g

INGRÉDIENTS

70 g de polenta

50 cl de lait

4 oranges

180 g de sucre

½ gousse de vanille

POLENTA AU LAIT ET MARMELADE D'ORANGES

4 PERSONNES

15 MIN · 30 MIN · 1 NUIT

€

GRAND CLASSIQUE

SANS GLUTEN

1. La veille, placez les oranges entières dans la cuve du Cookeo et versez 30 cl d'eau. Lancez le **mode cuisson sous pression** pour 20 min. Laissez refroidir toute la nuit dans le robot.

2. Conservez le jus de cuisson, puis coupez les oranges en deux, retirez les pépins avec une fourchette et coupez-les en morceaux plus ou moins gros selon vos goûts. Placez-les dans la cuve du Cookeo avec 130 g de sucre et la moitié du jus de cuisson. Lancez le **mode cuisson sous pression** pour 5 min. Versez dans des pots et placez au frais.

3. Portez à ébullition le lait, la gousse de vanille fendue et le sucre restant dans la cuve du Cookeo en **mode dorer**.

4. Versez en pluie la semoule et mélangez sans cesse pendant 3 min environ, puis versez dans des ramequins. Servez tiède avec la marmelade d'orange.

Astuce : *si vous souhaitez une marmelade fine, utilisez un mixeur pour réduire en purée les oranges épépinées.*

387 kcal
protides
8 g
glucides
79 g
lipides
3 g

INGRÉDIENTS

200 g de riz arborio rincé

75 cl de boisson végétale (avoine, soja, amande, etc.)

1 gousse de vanille

1 belle poignée de raisins secs

1 c. à soupe bombée de sucre de canne complet (ou muscovado)

RIZ AU LAIT VEGAN

4 PERSONNES

5 MIN **10 MIN**

€

GRAND CLASSIQUE

SANS GLUTEN

1. Versez le riz dans la cuve du Cookeo. Ajoutez la boisson végétale, la gousse de vanille, les raisins secs et le sucre. Lancez le **mode cuisson sous pression** pour 10 min.

2. Retirez la gousse de vanille et servez.

Variantes : *vous pouvez aussi réaliser la version classique de cette recette en remplaçant la boisson végétale par du lait de vache. Vous pouvez remplacer la vanille par le zeste de 1 citron.*

265 kcal

protides
9 g
glucides
50 g
lipides
3 g

INGRÉDIENTS

2 pommes Gala en fines lamelles

20 cl de lait écrémé

3 œufs

2 c. à soupe de sirop d'agave

50 g de farine

FLAN AUX POMMES

6 PERSONNES

15 MIN **17 MIN**

€

EXPRESS

GRAND CLASSIQUE

1. Coupez les pommes pelées en fines lamelles. Dans un saladier, mélangez le lait, les œufs, le sirop d'agave et la farine tamisée jusqu'à l'obtention d'une consistance homogène. Mixez si nécessaire.

2. Ajoutez la moitié des pommes et mélangez de façon à bien les recouvrir de pâte. Versez dans un moule à manqué adapté au Cookeo et ajoutez le reste de pommes. Filmez le moule hermétiquement. Placez-le dans le panier vapeur.

3. Versez 50 cl d'eau dans la cuve du Cookeo et installez le panier vapeur. Lancez le **mode cuisson sous pression** pour 17 min.

Astuce : *si vous le souhaitez, parfumez le flan avec de la cannelle en poudre et décorez de bâtons de cannelle, de sucre glace et/ou de fruits rouges.*

116 kcal

protides
5 g
glucides
16 g
lipides
3 g

CHEESECAKE AUX AGRUMES

CRUMBLE
À LA RHUBARBE

INGRÉDIENTS

400 g de fromage blanc

300 g de ricotta

Le zeste de 1 orange

Le zeste de 1 citron

250 g de biscuits riches en fibres (type Gerblé®)

40 g de beurre

80 g de sirop d'agave

3 œufs

Quelques cuillerées de marmelade d'orange

CHEESECAKE AUX AGRUMES

745 kcal

protides 23 g
glucides 68 g
lipides 43 g

4 PERSONNES

15 MIN · 1 H 10 · 3 H

€

GRAND CLASSIQUE

RECETTE WAOUH

1. Mixez les biscuits, puis incorporez le beurre fondu et le sirop d'agave. Répartissez le mélange dans le fond d'un moule à charnière adapté au Cookeo.

2. Dans un grand bol, mélangez les zestes d'orange et de citron, le fromage blanc, la ricotta et les œufs jusqu'à obtention d'un mélange lisse. Versez la pâte dans le moule et filmez-le hermétiquement.

3. Versez 20 cl d'eau dans la cuve du Cookeo et placez le moule dans le panier vapeur. Lancez le **mode cuisson sous pression** pour 1 h 10.

4. Laissez refroidir, puis placez 3 h au frais avant de démouler et de servir avec de la marmelade d'orange.

Astuce : *pour une marmelade d'orange maison,* *voir la recette p. 396.*

CRUMBLE À LA RHUBARBE

343 kcal

protides 7 g
glucides 67 g
lipides 3 g

4 PERSONNES

15 MIN 9 MIN

€€

EXPRESS

RECETTE WAOUH

SANS GLUTEN

INGRÉDIENTS

400 g de rhubarbe en tronçons

50 g de cranberries

3 c. à soupe de miel

50 g de sucre de canne complet (ou muscovado)

140 g de fruits secs (amandes, noisettes, noix de pécan, etc.)

150 g de flocons d'avoine

1. Placez la rhubarbe dans la cuve du Cookeo avec les cranberries et le miel. Versez 10 cl d'eau. Lancez le **mode cuisson sous pression** pour 4 min. Réservez avec le jus.

2. Faites caraméliser le sucre (5 min environ) dans la cuve du Cookeo en **mode dorer**.

3. Ajoutez les fruits secs concassés et les flocons d'avoine. Mélangez pour bien enrober de caramel et étalez sur une plaque de cuisson. Laissez refroidir complètement.

4. Répartissez la compote de rhubarbe dans un grand plat, puis recouvrez de la pâte à crumble.

Astuces : *le sucre rapadura est un sucre non raffiné et donc riche en minéraux et en vitamines. Si vous n'en trouvez pas, n'hésitez pas à utiliser du sucre complet ou du sucre de coco. Vous pouvez également remplacer la rhubarbe par d'autres fruits de saison : fruits rouges, pomme, pêche…*

SOUPE DE MANGUES À LA CARDAMOME

INGRÉDIENTS

2 mangues en morceaux

6 gousses de cardamome décortiquées

1 c. à soupe rase de sucre de canne complet (ou muscovado)

1 poignée de framboises

1 poignée d'amandes effilées grillées

Quelques feuilles de menthe

4 PERSONNES

15 MIN · 5 MIN

€€

EXPRESS

RECETTE WAOUH

SANS GLUTEN

1. Mettez la mangue et la cardamome dans la cuve du Cookeo avec le sucre et 10 cl d'eau. Lancez le **mode cuisson sous pression** pour 5 min.

2. Mixez si vous souhaitez obtenir une texture lisse. Servez dans des petits bols, répartissez les framboises et les amandes effilées ainsi que quelques feuilles de menthe.

Variante : *vous pouvez remplacer la cardamome par de la cannelle, de la vanille, de l'eau de rose ou de l'eau de fleur d'oranger.*

204 kcal

protides
4 g
glucides
28 g
lipides
7 g

INGRÉDIENTS

600 g de cerises fraîches ou surgelées

1 gousse de vanille

40 g de sucre de canne complet (ou muscovado)

Quelques biscuits à l'amande

SOUPE VANILLÉE DE CERISES

4 PERSONNES

5 MIN · 5 MIN · 1 H

€

RECETTE WAOUH

SANS GLUTEN

1. Versez la graine de vanille grattée et coupée en deux, les cerises, le sucre et 30 cl d'eau dans la cuve du Cookeo. Lancez le **mode cuisson sous pression** pour 5 min.

2. Placez la préparation au moins 1 h au frais.

3. Servez accompagné de biscuits à l'amande.

196 kcal

protides 4 g
glucides 30 g
lipides 6 g

INGRÉDIENTS

400 g de pommes pelées en morceaux

400 g de poires

1 gousse de vanille

40 g de sucre de canne

COMPOTÉE DE POMMES ET DE POIRES

4 PERSONNES

10 MIN 5 MIN

€

EXPRESS

SANS GLUTEN

1. Placez les pommes et les poires dans la cuve du Cookeo avec la gousse de vanille coupée en deux, le sucre et 5 cl d'eau. Lancez le **mode cuisson sous pression** pour 5 min.

2. Dégustez tiède ou froid.

145 cal

protides
0 g
glucides
31 g
lipides
0 g

INGRÉDIENTS

12 figues coupées en 2

400 g de yaourt bulgare

2 c. à soupe de miel crémeux

1 brin de romarin

COMPOTÉE DE FIGUES ET YAOURT

4 PERSONNES

5 MIN – 3 MIN

€

EXPRESS

GRAND CLASSIQUE

SANS GLUTEN

1. Faites chauffer le miel et le romarin effeuillé dans la cuve du Cookeo en **mode dorer**.

2. Ajoutez les figues et faites-les compoter brièvement. Servez encore tiède avec le yaourt bulgare.

222 kcal

protides
5 g
glucides
41 g
lipides
3 g

INGRÉDIENTS

500 g de mangue en cubes

6 fruits de la Passion

1 gousse de vanille

Noix de coco fraîche (facultatif)

COMPOTE MANGUE ET PASSION

4 PERSONNES

10 MIN · 4 MIN

€

EXPRESS

TOUR DU MONDE

SANS GLUTEN

IG BAS

1. Placez les cubes de mangue ainsi que la chair des fruits de la Passion dans la cuve du Cookeo avec la gousse de vanille grattée. Versez 15 cl d'eau et lancez le **mode cuisson sous pression** pour 4 min.

2. Servez éventuellement avec quelques morceaux de noix de coco fraîche.

204 kcal

protides
4 g
glucides
28 g
lipides
7 g

INGRÉDIENTS

2 pommes pelées en morceaux

300 g de fruits rouges frais ou surgelés

1 étoile de badiane

1 c. à soupe bombée de sucre complet

COMPOTÉE DE FRUITS ROUGES À LA BADIANE

4 PERSONNES

10 MIN 5 MIN

€

EXPRESS

GRAND CLASSIQUE

SANS GLUTEN

1. Placez tous les ingrédients dans la cuve du Cookeo. Ajoutez 2 c. à soupe d'eau et lancez le **mode cuisson sous pression** pour 5 min (7 min si les fruits sont surgelés).

2. Retirez la badiane avant de servir.

Idée : servez parsemé de feuilles de menthe ciselées.

144 kcal

protides
4 g
glucides
16 g
lipides
6 g

PÊCHES POCHÉES À LA VERVEINE

INGRÉDIENTS

4 pêches blanches

1 grosse poignée de verveine sèche ou fraîche

150 g de cassonade

4 PERSONNES

5 MIN 12 MIN

€

EXPRESS

GRAND CLASSIQUE

SANS GLUTEN

1. Versez la verveine, la cassonade et 1,5 l d'eau dans la cuve du Cookeo. Mélangez et lancez le **mode cuisson sous pression** pour 2 min.

2. Incisez la peau des pêches en croix. Placez-les dans la cuve et passez en **mode mijoter** pour 10 min.

3. Récupérez les pêches de la cuve à l'aide d'une écumoire. Retirez délicatement leur peau puis coupez-les en morceaux.

4. Servez les morceaux de pêches avec le sirop.

227 kcal

protides
2 g

glucides
50 g

lipides
0 g

INGRÉDIENTS

4 poires épluchées (avec les queues)

6 c. à café ou 2 sachets de thé Earl Grey

80 g de sucre

POIRES POCHÉES AU THÉ

4 PERSONNES

15 MIN 10 MIN

€

EXPRESS

GRAND CLASSIQUE

RECETTE WAOUH

SANS GLUTEN

1. Faites bouillir 75 cl d'eau et versez-y le thé. Laissez infuser 4 min, puis filtrez si vous utilisez du thé en vrac.

2. Versez le thé filtré dans la cuve du Cookeo avec le sucre. Plongez-y les poires. Lancez le **mode cuisson sous pression** pour 10 min.

3. Retirez les poires du liquide de cuisson et servez-les tièdes ou froides.

Astuce : *les plus gourmands pourront napper ces poires de chocolat noir fondu.*

143 kcal

protides
1 g
glucides
33 g
lipides
0 g

PRINTEMPS

TOP 10 DES RECETTES DE PRINTEMPS

Galettes de légumes verts et ricotta p. 21

Œufs cocotte au bacon et aux asperges p. 26

One pot pasta dinde et légumes verts p. 98

Boulettes de bœuf au paprika, haricots à la tomate p. 120

Risotto aux petits pois et viande des Grisons p. 146

Colin et pois gourmands, sauce citronnée p. 188

Taboulé tout vert au saumon et aux fèves p. 208

Minestrone aux légumes verts p. 268

Risotto de printemps p. 340

Crumble à la rhubarbe p. 405

TOP 10 DES RECETTES D'ÉTÉ

Bruschettas à la compotée de poivrons et feta p. 22

Tagliatelles de courgette, poulet et pesto léger p. 72

Penne au poulet et légumes d'été p. 74

Mijoté de bœuf, aubergines et tomates p. 124

Papillotes de maquereau à la tapenade p. 230

Poulpe à la provençale p. 252

Salade de lentilles, pêches grillées et feta p. 270

One pot pasta aux haricots verts p. 280

Tian provençal à la mozzarella p. 314

Gâteau brioché à la myrtille p. 368

AUTOMNE

TOP 10 DES RECETTES D'AUTOMNE

Escalopes de dinde et champignons à la crème p. 90

Filet mignon de porc aux carottes et haricots p. 138

Mijoté de veau à la courge p. 158

Brochettes d'agneau et salade de chou-fleur p. 164

Ramen au maquereau p. 174

Soupe de potimarron aux châtaignes p. 260

Tofu sauté aux champignons et soja p. 296

Quinoa aux champignons façon risotto p. 356

Crèmes dessert potimarron-vanille p. 390

Compotée de figues et yaourt p. 412

· HIVER ·

TOP 10 DES RECETTES D'HIVER

Soupe réconfortante au poulet et légumes p. 38

Poulet aux oignons et mousseline de céleri p. 54

Gardianne de bœuf aux olives p. 126

Souris d'agneau aux carottes et semoule p. 162

Cabillaud aux patates douces p. 194

Papillotes de saumon aux poireaux p. 212

Curry de pommes de terre, épinards et carottes p. 290

Risotto à la courge et chèvre frais p. 344

Semoule au lait et marmelade d'oranges p. 398

Mousse à la ricotta, au citron et au romarin p. 384

ENFANTS

TOP 10 DES RECETTES APPROUVÉES PAR LES KIDS

Galettes de lentilles et ketchup light p. 23

Escalopes de poulet à la viennoise et jardinière de légumes p. 48

Pâtes aux boulettes de poulet p. 82

Petites pizzas au bœuf haché p. 110

Boulettes de bœuf aux trois tomates p. 122

Parmentier au saumon et aux herbes p. 216

Spaghettis de courgettes aux petits pois p. 298

Clafoutis à la provençale p. 328

Gâteau normand aux pommes p. 370

Bowl cakes aux fruits rouges p. 380

TOP 10 DES RECETTES DE FÊTES

Terrine de poisson p. 34

Tourte poulet et champignons p. 84

Ballotins de veau aux herbes p. 154

Paupiettes de veau et potimarron p. 160

Risotto au cabillaud et safran p. 196

Daurade aux agrumes et fenouil grillé p. 240

Poêlée de Saint-Jacques aux poivrons p. 256

Quinoa rose aux poireaux et aux herbes p. 354

Panacottas à la pistache et aux fruits rouges p. 392

Soupe de mangue à la cardamome p. 406

LACTOSE

TOP 10 DES RECETTES SANS LACTOSE

Boulettes de dinde, houmous de carottes p. 14

Soupe de poulet à la mexicaine p. 40

Taboulé de chou-fleur au poulet p. 46

Curry de chou-fleur à la dinde et petits pois p. 96

Riz pilaf aux poivrons et au bœuf épicé p. 130

Paella express au lieu p. 198

Wok de légumes de printemps au saumon p. 207

Poivrons farcis au riz et aux légumes p. 306

Fondant choco-avocat p. 374

Flans coco-mangue p. 375

· VEGAN ·

TOP 10 DES RECETTES VEGAN

Tartines de crudités, lentilles corail et patate douce p. 16

Soupe au pistou p. 264

Roulés d'aubergine à la sauce tomate p. 278

Poêlée de lentilles et tofu p. 292

Mijoté de haricots blancs, tomates et basilic p. 294

Aubergines farcies au boulgour et poivrons p. 304

Pâtes à la bolo' veggie p. 346

Nouilles aux légumes à l'asiatique p. 350

Trifle à l'ananas et au citron vert p. 394

Riz au lait vegan p. 396

INDEX DES RECETTES PAR ORDRE ALPHABÉTIQUE

INDEX THÉMATIQUE

EXPRESS

Envie de passer moins de temps derrière les fourneaux ?
Découvrez plus de 100 recettes réalisables en moins de 30 minutes, préparation et cuisson inclues !

GRAND CLASSIQUE

Des petits plats classiques en mode *light*, pour vous régaler sainement !

IG BAS

Des recettes gourmandes, pensées avec des ingrédients à l'index glycémique bas, pour des repas plus sains sans se priver !

TOUR DU MONDE

Faites un voyage gustatif sans quitter votre cuisine, grâce à des recettes célébrant la gastronomie mondiale, en version light bien sûr !

SANS GLUTEN

Que vous soyez intolérants ou que vous ayez juste envie d'alléger vos repas, découvrez des recettes sans gluten adaptées à toutes les occasions !

En cas d'intolérance sévère, vérifiez toujours les étiquettes des produits que vous achetez. Certains en apparence inoffensifs peuvent tout de même contenir des allergènes.

RECETTE WAOUH

Cuisinez léger et sain, même lorsque vous recevez et sans décevoir vos invités !

INDEX PAR INGRÉDIENT

F-G

L-M

TABLE DES ÉQUIVALENCES FRANCE-CANADA

Poids

55 g	2 onces	200 g	7 onces	500 g	17 onces
100 g	3 onces	250 g	9 onces	750 g	26 onces
150 g	5 onces	300 g	10 onces	1 kg	35 onces

Ces équivalences permettent de calculer le poids à quelques grammes près (en réalité, 1 once = 28 g).

Capacités

25 cl	1 tasse	75 cl	3 tasses
50 cl	2 tasses	1 l	4 tasses

Pour faciliter la mesure des capacités, une tasse équivaut ici à 25 cl (en réalité, 1 tasse = 8 onces = 23 cl).

Crédits des recettes

Noëmie André : p. 52, 58, 92, 128, 156, 180, 212, 226, 230, 264, 296, 308, 340, 352, 378.

Séverine Augé : p. 14, 16, 18, 20, 22, 23, 24, 26, 28, 30, 32, 38, 40, 44, 45, 48, 54, 56, 62, 64, 66, 68, 70, 76, 82, 84, 88, 89, 94, 96, 98, 100, 102, 104, 110, 112, 114, 116, 118, 120, 124, 126, 132, 134, 136, 138, 140, 144, 146, 148, 150, 154, 155, 158, 160, 162, 164, 166, 170, 172, 174, 176, 178, 184, 188, 190, 192, 196, 198, 200, 202, 204, 210, 214, 216, 218, 224, 228, 232, 234, 236, 240, 241, 244, 246, 248, 250, 252, 254, 266, 268, 270, 272, 274, 276, 278, 280, 282, 286, 287, 290, 292, 294, 298, 302, 304, 310, 312, 318, 326, 328, 332, 338, 342, 344, 346, 348, 368, 374, 375, 376, 384, 386, 392, 394, 396, 404, 405, 408, 412, 414, 418.

Elise Delprat : p. 34, 60, 122, 194, 222, 370.

Marine Durand : p. 46, 50, 72, 74, 78, 80, 90, 106, 108, 130, 142, 182, 186, 208, 209, 220, 242, 256, 362, 366, 380, 382, 400.

Clémence Roquefort et Louise Browaeys : p. 260, 262, 288, 300, 306, 314, 316, 320, 322, 327, 330, 334, 336, 348, 350, 354, 356, 358, 364, 388, 390, 398, 406, 410, 416, 420.

Crédits photographiques

Photographies de Delphine Constantini © Larousse (stylisme de Séverine Augé).

Illustrations des ingrédients : © Shutterstock.

Les Éditions Dessain et Tolra utilisent des papiers composés de fibres naturelles, renouvelables, recyclables et fabriquées à partir de bois issus de forêts qui adoptent un système d'aménagement durable. En outre, les Éditions Dessain et Tolra attendent de leurs fournisseurs de papier qu'ils s'inscrivent dans une démarche de certification environnementale reconnue.

ISBN : 978-2-03-599932-0

Photogravure par Nord Compo
Imprimé en Espagne par Estella Graficas
Dépôt légal : janvier 2021
327180/01 – 11045544 – octobre 2020

PAPIER À BASE DE FIBRES CERTIFIÉES

Dessain et Tolra s'engage pour l'environnement en réduisant l'empreinte carbone de ses livres. Celle de cet exemplaire est de : 4,8 kg éq. CO_2
Rendez-vous sur www.dessain-tolra-durable.fr